STARKE MAMAS

Das
ErinnerDich

ist der Begleiter für den
Alltag. Es soll Mut machen
und motivieren, das wirklich
Wichtige immer im Blick zu
behalten.

Dein ErinnerDich
kannst du unter
www.frech.de/bewusstleben
herunterladen.

Für meine Kinder Jacob und Rachel

Ihr habt mich erst zur Mutter gemacht und mir einen Teil meines Herzens gezeigt, von dem ich nicht einmal wusste, dass es ihn gibt. Meine Liebe zu euch ist tiefer als jeder Ozean, ich liebe euch bis zum Mond und wieder zurück, bis zur Unendlichkeit und noch viel weiter.

Für meinen Mann Jason

Danke, dass du mich bei meinen verrückten Träumen und meinem Unternehmergeist unterstützt hast. Danke, dass du diesen abenteuerlichen Weg mit mir gegangen bist.

Für meine Eltern Bonnie und Jarry

Danke für eure bedingungslose Liebe und dafür, dass ihr mir beigebracht habt, dass ich alles erreichen kann, was ich mir vornehme, wenn ich bereit bin, hart dafür zu arbeiten.

Für meine Schwester Kim

Danke für deine Inspiration und dafür, dass du mir meine eigenen Wertvorstellungen immer wieder vor Augen führst. Und dafür, dass ich mit dir Tränen lachen kann.

Für meine fit4mom-Familie

Ihr seid mein „Dorf" und meine Inspiration. Ihr macht es möglich, dass ich tun kann, was ich liebe. Danke!

Starke Mamas

Wie du für dich selbst sorgst und mit deiner Familie glücklich und gesund lebst

LISA DRUXMAN
Gründerin von FIT4MOM

Teile deinen Glücksmoment mit diesem Buch!

Einfach Schnappschuss anfertigen, mit dem Hashtag *#StarkeMamasDasBuch* versehen und bei Instagram, Facebook oder Twitter posten. Wir freuen uns über deinen Augenblick des Glücks.

Titel der Originalausgabe: *The empowered Mama. How to Reclaim Your Time and Yourself While Raising a Happy, Healthy Family*

Copyright © 2018 Quarto Publishing Group USA Inc.
Text: Lisa Druxman
Design: Allison Meierding
Illustration: Penelope Dullaghan

Dein *ErinnerDich* kannst du unter www.frech.de/bewusstleben herunterladen.

Produktmanagement: Claudia Mack
Lektorat: Annette Gerstenkorn, Bochum
Übersetzung: Sarah Henter, San Javier, Spanien
Satz: Arnold & Domnick, Leipzig
Printed in China

FSC
www.fsc.org

MIX
Paper from responsible sources
FSC® C017606

1. Auflage 2018

© der deutschen Ausgabe 2018 frechverlag GmbH, Turbinenstraße 7, 70499 Stuttgart
ISBN 978-3-7724-4908-6 • Best.-Nr. 4908

Inhalt

Vorwort

Ich fühle mich überaus geehrt, dass meine Frau Lisa mich darum gebeten hat, das Vorwort zu ihrem Buch zu schreiben. Naja, eigentlich
hat sie mich gar nicht gefragt. Sie hatte vielmehr nach Berühmthei-
ten oder Experten gesucht, die ein Vorwort schreiben könnten, und
ich habe mich nur zum Spaß angeboten. Zu meiner Überraschung
hat sie Ja gesagt! Ich nehme an, sie wollte unsere Familienwerte zum
Ausdruck kommen lassen und mich als Beispiel für die Vorteile dieses Buchs aus erster Hand vorstellen.

Lisa und ich sind nun seit 20 Jahren verheiratet. In unserer Ehe
wachsen wir immer noch zusammen, und zwar auf Grundlage vieler
der Prinzipien, die sie in diesem Buch erklärt. Wir haben die Übungen zusammen gemacht, und sie haben mir genauso geholfen wie
ihr auch. Wenn Sie denken, dass Ihr Partner bei so etwas niemals
mitmachen würde, wären Sie vielleicht überrascht. Ich bin weder
super-sensibel noch super-kommunikationsfreudig, aber die Übungen funktionieren wirklich und waren für unseren Erfolg als Ehepaar
unschätzbar.

Lisa war und ist meine Inspiration, ein besserer Mensch zu werden, indem sie mir meine Werte vor Augen führt und mir hilft, das
wirklich Wichtige ins Blickfeld zu rücken.

Als vor mehr als 16 Jahren unser Sohn geboren wurde, begann
für sie die Mission, eine Karrieremodell zu erschaffen, das es ihr
auch erlauben würde, Mutter zu sein. Ihre Mission ging weiter, als
sie entschied, diese Karriere mit Tausenden von Frauen in den Vereinigten Staaten zu teilen. Aber es war nicht nur ein Job. Lisa merkte
schnell, dass Mütter oft so sehr damit beschäftigt sind, sich um andere zu kümmern, dass sie sich selbst ganz aus dem Blick verlieren.

Lisa glaubte hartnäckig daran, dass Mütter das beste Vorbild für die familiäre Gesundheit sind – die meisten von ihnen wussten einfach nicht, wie sie sich um alle anderen und dann auch noch um sich selbst kümmern sollten. Deshalb schrieb sie dieses Buch.

Ich hatte das Glück, Teil dieser Mission zu sein. Lisa hatte die Ehre, mit beeindruckenden Frauen zusammenzuarbeiten, von ihnen zu lernen und mit ihnen Freude und manchmal auch Leid zu teilen. Viele dieser wunderbaren Mütter durfte ich auch kennenlernen. Lisa hat niemals gezögert, ihre Mission weiterzuverfolgen, und ihre Leidenschaft steckt nach wie vor viele Mütter an. In diesem Buch erklärt Lisa, wie sie es geschafft hat, sich auch um sich selbst zu kümmern, und wie Sie das ebenfalls schaffen können. Ich bin selbst ein Ehemann, und ich kann Ihnen sagen: Wir wollen gesunde und glückliche Ehefrauen. Natürlich ist Lisa auch nicht perfekt, aber sie arbeitet jeden Tag hart daran, sich um sich selbst und ihre Familie zu kümmern. Und dabei schafft sie einen positiven Dominoeffekt, der sich auf ihre Familie, ihre Freunde und ihre Gemeinde auswirkt.

> — Jason N. Druxman
> Mitbegründer und Papa
> Fit4Mom, LLC

Einleitung

Würden Sie wollen, dass Ihre Kinder sich so um sich selbst kümmern,
wie Sie es tun?
Wollen Sie, dass sie essen wie Sie?
Wollen Sie, dass sie so viel Sport machen wie Sie?
Wollen Sie, dass sie so viel Stress haben wie Sie?

Ich habe Tausenden von Müttern diese Fragen gestellt. Und die Antwort ist fast immer NEIN. Mütter wollen, dass ihre Kinder sich besser um sich selbst kümmern, gesünder essen, mehr Sport treiben und weniger gestresst sind. Aber raten Sie mal: Ihren Kindern diese Dinge beizubringen, fängt bei Ihnen selbst an! Es reicht nicht, ihnen nur Gutes zu wünschen. Sie müssen zu einem Vorbild werden.

Wie steht es mit der nächsten Frage: „Wie geht es Ihnen?". Fragen Sie eine beliebige Mama, und die Antwort ist häufig eine der folgenden: gestresst!, überfordert!, superbeschäftigt!

Für mich ist „superbeschäftigt" keine Ehrenmedaille. Wenn wir wollen, dass unsere Kinder bessere Antworten auf Fragen zur Selbstfürsorge geben können, dann sind wir als Mütter an der Reihe, ihnen ein Erfolgsrezept an die Hand zu geben. Mütter sind ausschlaggebend für Veränderungen. Sie sind ein Vorbild für den Rest der Familie. Die gute Nachricht ist: Wenn Mama sich besser um sich kümmert, besser isst und mehr Sport treibt – dann tut es die ganze Familie. Eine Mama, die sich gut um sich selbst kümmert, antwortet auch anders auf die letzte Frage. Sie ist nicht überfordert. Sie ist glücklich. Sie ist gesund.

Wir haben alle im Flugzeug schon mal gehört, dass wir zuerst die eigene Atemmaske aufsetzen und dann erst unseren Kindern helfen sollen. Wir haben auch alle schon mal gehört, dass dieselbe Philosophie auch für Mütter im alltäglichen Leben gilt. Ich denke, die meisten Mütter glauben sogar an diese Prinzipien – aber NIEMAND setzt sie auch um. Ich glaube, die meisten Mütter wissen einfach nicht wie. Sie sind so beschäftigt damit, einfach nur zu überleben, und so mit den alltäglichen Aufgaben überfordert, dass sie einfach keine Ahnung haben, wie sie sich auch noch um sich selbst kümmern sollen.

Darum geht es in diesem Buch. Es geht darum, dass Sie erstmal Sie selbst sind und dann erst eine Mama. Es geht dabei allerdings nicht um Eigennützigkeit. Es geht darum, wie wichtig es ist, Ihren Familienmitgliedern das beste Geschenk zu machen, das Sie können – ein glückliches, gesundes, ausgeglichenes Leben. Und dafür müssen wir so leben, wie wir es für unsere Kinder wollen.

Mehr Lachen und weniger Überforderung.
Mehr Sport und weniger anstrengende Besorgungen.
Mehr gesundes Essen und weniger Fast Food.
Mehr Entspannung und weniger Stress.

Ihre Kinder werden Ihrem Beispiel folgen, nicht Ihrem Rat.

—AUTOR UNBEKANNT, ABER DIE PERSON HATTE SICHER KINDER!

Ich finde, ein glückliches Leben wäre ein tolles Erbe, das Sie Ihren Kindern hinterlassen können. Und ich werde Sie dorthin bringen, ganz einfach, Schritt für Schritt. Denken Sie daran, dass es niemals eine perfekte Balance gibt, und ich will hier keine Illusion von perfekten Vorstadtfamilien zeichnen. Was ich mit Ihnen teilen will, ist ein Weg, der für mich gut funktioniert hat, und der auch für Sie in den meisten Fällen funktionieren wird.

Wieso bin ich dazu qualifiziert, diese Ratschläge zu geben? Erst einmal bin ich die Mutter von Jacob und Rachel und die Ehefrau von Jason. Während ich dieses Buch schreibe, ist Jacob fünfzehn, Rachel ist zwölf, und Jason und ich sind bald zwanzig Jahre verheiratet. Ich bin außerdem die Gründerin von FIT4MOM, eines Unternehmens, das Millionen von Müttern in den USA die Programme *Fit4Baby, Stroller Strides* und *Body Back Fitness* zur Verfügung gestellt hat.

Fangen wir mit meinem Unternehmen an. FIT4MOM entstand aus einem größeren AHA-Moment. Ich war gerade auf einem Spaziergang mit meinem Sohn, als er noch ein ganz kleines Baby war. Der Spaziergang war jeden Tag eine der besten Stunden für uns. Wir waren beide gerne draußen, und ich freute mich, ein wenig in Bewegung zu kommen. Zu dieser Zeit war ich bereits seit über zehn Jahren im Fitnessgeschäft tätig, und ich dachte darüber nach, dass alle Mütter nach der Geburt ihre frühere Figur endlich wieder zurückhaben wollen. In diesem Moment verstand ich, dass ich mit meiner Ausbildung Müttern dabei helfen könnte, dies zu erreichen – und dabei etwas zu nutzen, das bereits Teil ihres Lebens ist und ein tolles Fitnessgerät: den Kinderwagen.

Und so habe ich das *Stroller Strides Workout* entwickelt. Ich habe mit ein paar Mamas aus meiner Nachbarschaft angefangen. Damals dachte ich noch gar nicht an eine Geschäftsidee. Ich brauchte einfach Unterstützung und eine Gemeinschaft als neue Mutter. Es war ein voller Erfolg! Kurz danach ging mein Mutterschaftsurlaub zu Ende, und ich fand den Gedanken, zurück zur Arbeit zu gehen und mein kleines Baby zurückzulassen, herzzerreißend. Da entschied ich, *Stroller Strides* in ein Unternehmen zu verwandeln.

Ich erstellte ein Budget, um meinem Mann zu zeigen, dass, wenn ich eine bestimmte Anzahl an Unterrichtsstunden anböte und eine bestimmte Anzahl an Teilnehmerinnen zusammenbekäme, dies als mein Einkommen ausreichen würde. Er war dabei, also kündigte ich meinen Job und wurde Unternehmerin. In diesem ersten Jahr schaffte ich es, 12 Lokale zu eröffnen und 1.000 Teilnehmerinnen aufzunehmen. Ich stellte Kursleiter ein und leitete selbst Kurse an sechs Wochentagen. So viele Frauen wollten ihre Figur zurückhaben und andere Mütter kennenlernen. Die Nachricht verbreitete sich und das Unternehmen wurde ein voller Erfolg – und damals gab es noch nicht einmal Social Media. Ich bekam E-Mails von überall in den Staaten von Frauen, die entweder einen Kurs starten oder einem beitreten wollten.

Zwei Jahre später fingen wir an, das Geschäftsmodell in anderen Städten und Staaten auszuprobieren. In San Diego war das Modell ein riesen Erfolg, aber würde es in anderen Städten auch so gut aufgenommen werden? Wir vergaben sechs „Beta"-Lizenzen, um zu sehen, ob das Ganze funktionieren könnte. Wir wollten sehen, ob *Stroller Strides* an heißen Orten wie Arizona im Sommer funktionieren würde und an kalten wie New Jersey im Winter. Und das tat es! Am Ende machten wir ein Franchise aus dem Unternehmen.

Mit meiner Familie wuchs auch das Unternehmen. Wir entwickelten neue Programme. Und wir machen nicht einfach nur Fitnesskurse. Wir sind eine unglaubliche Gemeinschaft von Müttern. Wir haben auch einen Blog, einen Podcast, Verkaufsprodukte und vieles mehr. In Zusammenarbeit mit der Firma BOB haben wir sogar einen Kinderwagen auf den Markt gebracht. Ich habe ein Buch geschrieben und die

DVD-Workout-Serie *Mama Wants Her Body Back* auf den Markt gebracht. Wir waren auch im US-amerikanischen Fernsehen zu sehen, unter anderem in der *Today Show, Good Morning America* und anderen. Wir waren in wirklich jeder Zeitschrift zu den Themen Fitness, Business und Erziehung. Und das Beste ist: Die ganze Zeit über war ich zuerst und vor allem Mama. Wir hatten auch harte Zeiten, aber das war es wert. Besonders stolz bin ich darauf, hunderte Arbeitsplätze geschaffen zu haben, die es den Mitarbeitern erlauben, auch Eltern zu sein.

Kommen wir jetzt zu meinem Privatleben. Ich kann ganz ehrlich sagen, dass ich eine der glücklichsten, gesündesten Mütter bin, die ich kenne. Wow! Das zu schreiben, hat mich ganz schön Überwindung gekostet. Man macht sich Sorgen um die Leute, die immer etwas zu bemäkeln haben und einen beurteilen. Aber ich denke wirklich, dass es stimmt. Ich habe viel erreicht, aber ich bin nicht perfekt. Wirklich nicht. Ich könnte ein ganzes Kapitel nur über meine Fehler schreiben. Ich lege nur absichtlich nicht den Fokus auf sie, denn eine negative Einstellung hilft nie, zu einem positiven Ziel zu kommen. Ich habe während dieser Jahre sehr viel über Gesundheit, Glück und Mutterschaft gelernt. Ich gehe meinen Weg, und ich strebe kontinuierlich danach, eine bessere Person und Mutter zu werden – und das ist es, was ich in diesem Buch mit Ihnen teilen möchte.

Ich werde oft gefragt, woher diese Sicht auf die Welt kommt. Zum einen möchte ich dafür meinen eigenen Eltern danken. Sie waren eine Konstante bedingungsloser Liebe in meinem Leben und sie hatten stets einen überaus starken Glauben an ihre Töchter.

Ich kann nicht ganz sicher sein, aber ich glaube, dass meine Perspektive auch etwas mit einem Kindheitserlebnis zu tun hat, das für mich ein echter Wendepunkt war. Ich war etwa dreizehn, als ich mit meinem Vater auf einem dunklen Parkplatz aus dem Auto stieg. Aus der Dunkelheit kam ein Mann näher, und ich dachte zunächst, er wolle nach der Uhrzeit fragen. Aber er wollte etwas anderes. Ich lief genau auf den Lauf seiner Pistole zu. Er befahl uns, uns auf den Boden zu legen und unsere Besitztümer auszuhändigen.

Die meisten Leute sagen, in solchen Momenten sehen sie ihr ganzes Leben vor sich ablaufen. Ich hatte noch nicht viel Leben zu diesem Zeitpunkt. Ich war erst dreizehn. Stattdessen sah ich das Leben, das ich nicht haben würde. Ich würde nicht studieren, heiraten oder Kinder bekommen. Sehen Sie, in so einem Moment merkt man ganz schnell, was wirklich wichtig ist. Am Ende Ihres Lebens, egal wann es kommt, werden Sie sicher nicht an die Besorgungen denken, die Sie nicht gemacht haben. Sie denken nicht an Ihr Facebook-Profil oder Ihr E-Mail-Postfach. Sie werden an Ihre Lieben denken.

Sogar mit dreizehn bedauerte ich schon einiges in meinem Leben. Wäre es wirklich mein letzter Tag gewesen, hätte ich ein sehr enttäuschendes Leben zurückgelassen. Damals war ich nicht die Person, die ich heute bin. „Ich kann das nicht" war mein steter Begleiter. In der Schule lief es furchtbar. (Später fand ich heraus, dass ich an ADS litt, was wirklich einiges erklärte.) Ich war sehr schüchtern und hatte kaum Freunde. Ich war schlecht im Sport. Ich war von Natur aus so. Aber dann machte ich es selbst noch schlimmer, weil ich es gar nicht mehr versuchte.

Aber nach diesem Vorfall auf dem Parkplatz fing ich langsam an, das „Ich kann das nicht" loszuwerden. Vielleicht merkte ich unterbewusst, dass ich eine zweite Chance bekommen hatte. Ich fing an, Dinge zu versuchen. Ich begann, mich in allen Bereichen meines Lebens anzustrengen. Wenn mir etwas zu schwierig vorkam, unterteilte ich es in kleinere Einheiten, mit denen ich zurechtkam.

Wenn ich in der Schule ein Buch lesen musste, tat ich es Kapitel für Kapitel. Das war mir immer noch zu viel. Also unterteilte ich es in Paragraphen. Immer noch zu viel. Also las ich es Satz für Satz.

Und so habe ich es geschafft. Ich machte kleinere Anstrengungen, die mich später zum Erfolg führten. Und wissen Sie, was dann passierte? Ich wurde besser in allen Bereichen meines Lebens. Ich wurde selbstsicherer. Ich begann zu denken: Wieso nicht ich? Wieso sollte ich das nicht können?

Es ist gar nicht wichtig, ob Sie in etwas ein Naturtalent sind. Wenn es Ihnen nur wichtig genug ist, können Sie so ziemlich alles lernen und tun. Sie müssen einfach ganz, ganz kleine Schritte machen. Denken Sie mal für einen Moment an ein Ziel aus dem Fitness- oder Diätbereich, das Sie nicht erreicht haben. Es kann gut sein, dass Sie zu viel auf einmal in zu wenig Zeit wollten. Nehmen Sie sich Zeit: Nehmen Sie sich einen kleinen Schritt vor und setzen Sie ihn wirklich um. Machen Sie ihn zu einer Gewohnheit. Machen Sie ihn zu einem Teil Ihres Lebens. Nehmen Sie sich erst dann das nächste Ziel vor.

Der Balanceakt zwischen Arbeit und Muttersein war für mich der härteste meines Lebens. Oft habe ich es nicht geschafft, und ich möchte die Lektionen, die ich auf meinem Weg gelernt habe, mit Ihnen teilen, damit Sie daraus lernen können. Meine Hoffnung ist es, Ihnen Werkzeuge und Methoden an die Hand zu geben, die Ihnen zu einem glücklichen und gesunden Leben als Mutter verhelfen.

Ich schreibe dieses Buch in der Hoffnung, im nächsten Jahr Teil Ihres Lebens zu werden. Stellen Sie es sich wie eine Reise vor, die wir zusammen unternehmen. Teilen Sie sich die Vorschläge beim Lesen so ein, wie es für Sie am besten passt. Wenn ein Flugzeug startet, um an einem anderen Punkt zu landen, fliegt es nicht in einer perfekten, geraden Linie – es fliegt mal weiter unten, mal weiter oben, bis es an seinem Ziel ankommt. Ich habe mal gelesen, dass Piloten 90 % der Zeit gar nicht auf Kurs sind. Lesen Sie dieses Buch so, als wäre es eine Reise von einem Leben, das Sie überfordert, hin zu einem Leben voller Leidenschaft und Selbstwirksamkeit. Von Chaos zu Ausgeglichenheit. Sollten Sie einmal vom Kurs abkommen, steuern Sie sanft zurück. Das ist Teil der Reise.

> Wir sind das, was wir immer wieder tun. Spitzenleistungen sind also keine Tätigkeit, sondern eine Gewohnheit.
>
> —WILL DURANT

Erfolgsgeheimnisse

Meine Freundinnen ziehen mich auf, weil ich sie ständig frage, was ihr Geheimnis ist. *Was ist dein Geheimnis für eine glückliche Ehe? Was ist dein Geheimnis für ein gesundes Leben? Wie schaffst du es, immer so toll organisiert zu sein?* Ich glaube, dass es Schlüssel zum Erfolg gibt und dass erfolgreiche Menschen ein Geheimnis haben, das geteilt werden muss … Ich schätze, ich bin eine Jägerin von Erfolgsschlüsseln!

Haben Sie schon einmal von der Theorie gehört, dass Sie selbst der Durchschnitt der fünf Leute sind, mit denen Sie am meisten Zeit verbringen? Ich versuche, mich selbst mit erfolgreichen Menschen zu umgeben, damit ich von ihnen lernen kann. Und damit meine ich nicht nur die Menschen in meinem Leben. Ich meine das, was ich lese und wem ich jeden Tag zuhöre. Ich habe von großartigen Führungspersönlichkeiten wie Elizabeth Gilbert, John Maxwell, Michael Hyatt, Zig Ziglar, Anthony Robbins, Brené Brown und vielen anderen gelernt. Die

Werkzeuge und Techniken, die ich mir auf diese Weise angeeignet habe und im Alltag benutze, zeige ich Ihnen in diesem Buch. Und ich höre *niemals* auf zu lernen. Ich lerne jeden einzelnen Tag etwas Neues. Ich bin niemals fertig. Niemand ist es. Ich habe eine Menge Tricks gelernt, um glücklich, gesund und erfolgreich zu sein – und die möchte ich mit Ihnen hier teilen. Ich wette, dass Sie mir noch so einiges beibringen könnten, wenn wir uns zusammen hinsetzen würden. Daher möchte ich Ihnen dafür danken, dass Sie mich auf dieser Reise begleiten, und ich hoffe, dass einige meiner Erfolgsgeheimnisse (und der Geheimnisse, die ich von anderen erfahren habe) auch für Sie funktionieren!

Werden Sie zur Lebenskünstlerin

Wir lernen jeden Tag so viel Neues. Wir verarbeiten so viele Informationen: Inhalte, die etwa 174 Zeitungen täglich entsprechen. Aber Informationen zu verarbeiten ist nicht dasselbe wie sie wirklich zu verinnerlichen. Wenn ich all die Informationen, die ich in Büchern und Podcasts gelesen oder gehört habe, wirklich verinnerlicht hätte, dann wäre ich eine der großen Führungspersönlichkeiten dieser Welt. Die meisten Informationen gehen zum einen Ohr hinein und zum anderen heraus. Manches wird als Belanglosigkeit oder für zukünftige Referenz abgespeichert (wenn überhaupt).

Was die Informationen in diesem Buch angeht, möchte ich, dass Sie sie wirklich verinnerlichen. Ich möchte, dass Sie sich aussuchen, was für Sie am wichtigsten ist und es zu einem Teil Ihres Lebens machen. Dazu müssen Sie ganz bewusst vorgehen, Sie brauchen einen Plan *und* Durchhaltevermögen. Dieses Buch ist in kleinen, leicht zu überschauenden Einheiten geschrieben: Lesen Sie sie genau. Und finden Sie dann heraus, wo die Veränderungen in Ihrem Leben einen Platz bekommen könnten.

Dieses Buch ist als Arbeitsbuch aufgebaut. Wenn Sie wollen, dass es funktioniert, müssen Sie die Aufgaben machen! Nehmen Sie sich ein bisschen Zeit und schreiben Sie die Antworten tatsächlich auf. Wenn Sie nur zuhören, kratzen Sie nur an der Oberfläche. Das Buch hat viele Listen. Damit lerne ich selbst am leichtesten. Ich hoffe, für Sie funktioniert das auch! Wenn Sie beherrschen, was ich mit Ihnen teile, werden Sie jeden Tag bewusst leben.

KAPITEL 1

Konzentrieren Sie sich auf sich selbst

Per Definition können wir nur in der Beziehung mit jemand anderem, nämlich unserem Kind, Mutter sein. Als Amerikanerin fällt mir bei dem englischen Wort „Mother" sofort auf, dass fünf Sechstel davon aus „other" (also jemand anderes) bestehen. Wir Mamas richten unsere Aufmerksamkeit erst auf alle anderen und dann erst auf uns selbst. In diesem Kapitel fordere ich Sie dazu heraus, SELBST-bewusst zu sein. Identifizieren Sie die Werte, die Sie als feste Prinzipien durchs Leben führen können – das Leben, das Sie mithilfe dieses Buches für sich gestalten werden.

Kultivieren Sie Ihren selbst-bewussten Geist

Wann begann das Muttersein zu bedeuten, dass Sie Ihr „Ich" aufgeben mussten? Die meisten Mütter haben so viel damit zu tun, sich um alle anderen zu kümmern, dass sie sich selbst komplett aus den Augen verlieren. Manche vergessen es schlichtweg, andere sind Märtyrerinnen, die sich bewusst hintanstellen. Das Ergebnis ist jedoch immer dasselbe: erschöpfte, genervte, gestresste, viel zu beschäftigte und übermüdete Mütter. Hilft das wirklich irgendwem?

Wenn Sie ein Handy wären: Würde das kleine Zeichen auf Ihrem Bildschirm schon rot aufleuchten, um Ihnen zu sagen, dass Sie die Batterie endlich aufladen müssen? Ich stelle mir eine Welt vor, in der Mütter so eine Anzeige auf der Stirn haben, und alle blinken rot …

Es gibt keine Regel, die besagt, dass Sie sich selbst aufgeben müssen, um eine Mama sein zu können. Ganz im Gegenteil. Wenn Sie Ihr eigenes „Ich" finden, schützen und nähren, werden Sie eine bessere Mutter. Ich weiß, was Sie denken, aber nein, hier geht es nicht darum, extrem eigennützig zu werden und die ganze Zeit und Aufmerksamkeit nur für sich selbst zu beanspruchen. Es geht darum, selbst-bewusst zu werden: genug Zeit für sich selbst zu bekommen, um fit zu bleiben und mehr Kraft für das Muttersein (und andere Dinge) zu bekommen.

In meinem Job wollen Mütter meist Hilfe in den Bereichen Fitness, Ernährung, Zeitmanagement und Arbeit. Aber wenn ich Müttern in nur einer Sache helfen könnte, dann wäre es das: dass sich jede Mama um ihren eigenen Geist kümmert. Es macht mich so traurig, Mütter in einem kontinuierlichen Zustand der Überforderung zu sehen, die einfach nicht mehr können und übermäßig essen oder Alkohol trinken, um die Leere zu füllen. Liebe Mamas: Es gibt keine Ehrenmedaille für Märtyrerinnen. Hier handelt es sich um ein echtes Problem. Ihre Familie braucht Sie im bestmöglichen Zustand.

Die gute Nachricht ist: Das Problem hat eine Lösung. Alles was Sie brauchen, ist ein bisschen zielgerichtete Wohlfühlzeit für sich selbst. Hier sind ein paar Dinge, die Sie tun können, um loszulegen.

VORSCHLÄGE FÜR EINE AUSZEIT

- spazieren gehen
- meditieren
- Tagebuch schreiben
- beten
- Sport machen
- Dehnübungen
- Atemübungen

- kritzeln
- lesen
- ein Bad nehmen
- Aromatherapie
- eine Kerze anzünden
- in die Natur gehen

- alle elektronischen Geräte ausschalten
- Entspannungs- musik hören
- lernen
- etwas Schlaf tanken

Jetzt fragen Sie sich sicher, wie Sie auch nur eine einzige dieser Aktivitäten in Ihrem Alltag unterbringen können. Tun Sie es einfach. Machen Sie die Zeit für sich selbst zu einer Priorität, genauso, wie Sie es mit den Aktivitäten für Ihre Familie tun.

Für eine kurze Pause braucht es nicht viel. Halten Sie inne, um in sich hineinzuhören. Konzentrieren Sie sich auf Ihren Atem. Hängen Sie für einen Moment Tagträumen nach. Stellen Sie sich einen Alarm auf Ihrem Handy ein und tun Sie etwas, um Ihre Batterien aufzuladen – auch wenn es nur ein paar Minuten ein paarmal am Tag sind.

Wenn Sie das tun, wird etwas Magisches passieren. Je langsamer Sie werden, desto mehr Zeit werden Sie haben. Sie werden feststellen, dass Essen oder andere schlechte Angewohnheiten nicht mehr Ihre erstbeste Methode sind, um schnell runterzukommen. Sie werden merken, wie Sie auf den nächsten Wutanfall mit Verständnis reagieren. Sie werden nach und nach eine friedvolle und glückliche Aura um sich herum aufbauen.

Übungen für das Selbst-Bewusstsein

Wann haben Sie das letzte Mal etwas für sich selbst getan?

_____

_____

_____

_____

_____

Was war das?

_____

_____

_____

_____

_____

Wie hat es sich auf Ihren Tag ausgewirkt?

_____

_____

_____

_____

_____

_____

_Wenn Sie dafür sorgen, dass Ihre Batterie aufgeladen ist, werden
Sie bereit sein, dem alltäglichen Chaos entgegenzutreten. Ja, es
wird ein wenig dauern, bis Sie Übung darin bekommen, Ihre Batterien regelmäßig aufzuladen. Lesen Sie weiter und ich zeige Ihnen
jede Menge Tipps und Werkzeuge, die Ihnen dabei helfen können!_

EINE VERPFLICHTUNG EINGEHEN

Wenn ich Sie darum bitten würde, heute eine kleine Pause zu machen, um Ihre Batterien aufzuladen, wären Sie voll dabei und würden die Zeit dafür auf jeden Fall irgendwie finden? Oder wären Sie eher zögerlich und würden denken „Naja, vielleicht ...“? Wir wissen beide, dass *vielleicht* meistens *Nein* bedeutet, also brauchen Sie eine bessere Taktik.

Es ist an der Zeit, dass Sie sich selbst gegenüber **eine Verpflichtung eingehen** und zwar mit der für Mamas üblichen Stärke und Entschlossenheit. Nehmen Sie sich jeden einzelnen Tag Zeit zur Selbstfürsorge. Verpflichten Sie sich Ihrer körperlichen und spirituellen Gesundheit. Für Ihre Familie und für sich selbst.

Einer der stärksten Wege, eine Verpflichtung einzugehen, ist einen Vertrag zu unterschreiben. Sind Sie bereit? Es ist ok, wenn Sie sich nicht sicher sind. Ich habe dieses Buch geschrieben, um Ihnen dabei zu helfen. Sie schaffen das!

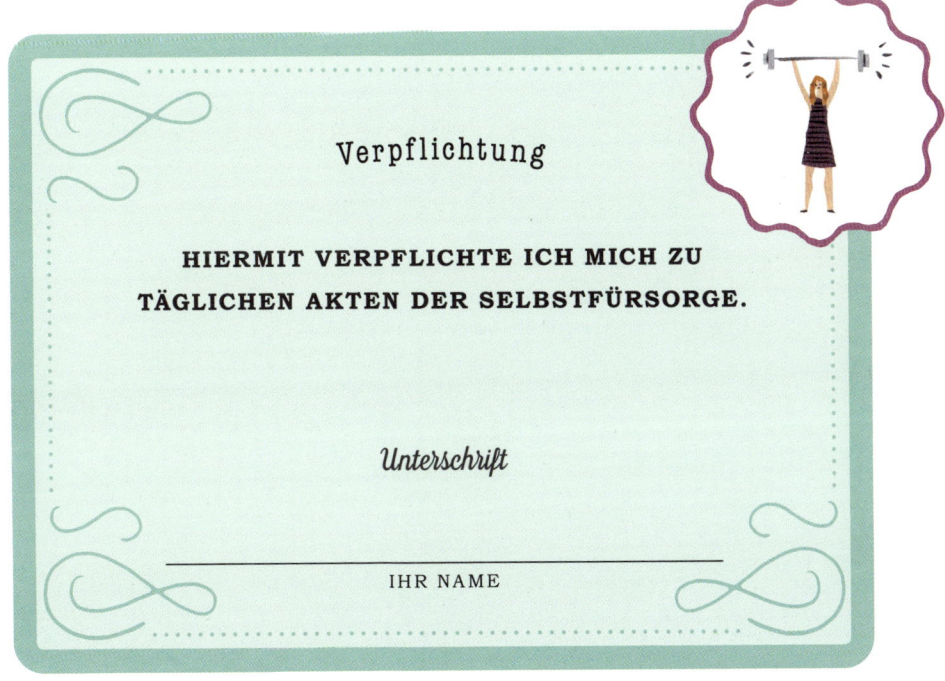

Verpflichtung

HIERMIT VERPFLICHTE ICH MICH ZU TÄGLICHEN AKTEN DER SELBSTFÜRSORGE.

Unterschrift

_____
IHR NAME

ERTEILEN SIE SICH SELBST DIE ERLAUBNIS

Sie sind mit sich selbst diese Verpflichtung eingegangen, und das ist fantastisch! Jetzt gibt es noch etwas, das Sie sich vielleicht selbst geben müssen: eine *Erlaubnis*. Die Erlaubnis, Ihren eigenen Bedürfnissen eine Stimme im Alltag zu geben. Die Erlaubnis, sich Zeit für sich selbst (und nur sich selbst) zu nehmen. Anders gesagt: die Erlaubnis, auch wieder „Ich" und nicht nur Mama zu sein.

Die meisten von uns verstehen, dass es wichtig ist, sich um seinen Körper und Geist zu kümmern. Aber wir tun es nicht, weil wir uns nicht erlauben, selbst-bewusst zu sein. Lassen Sie uns das jetzt sofort aus dem Weg räumen. Falls Sie noch zweifeln, denken Sie daran: Es ist eigentlich ein Geschenk, das Sie Ihrer Familie machen.

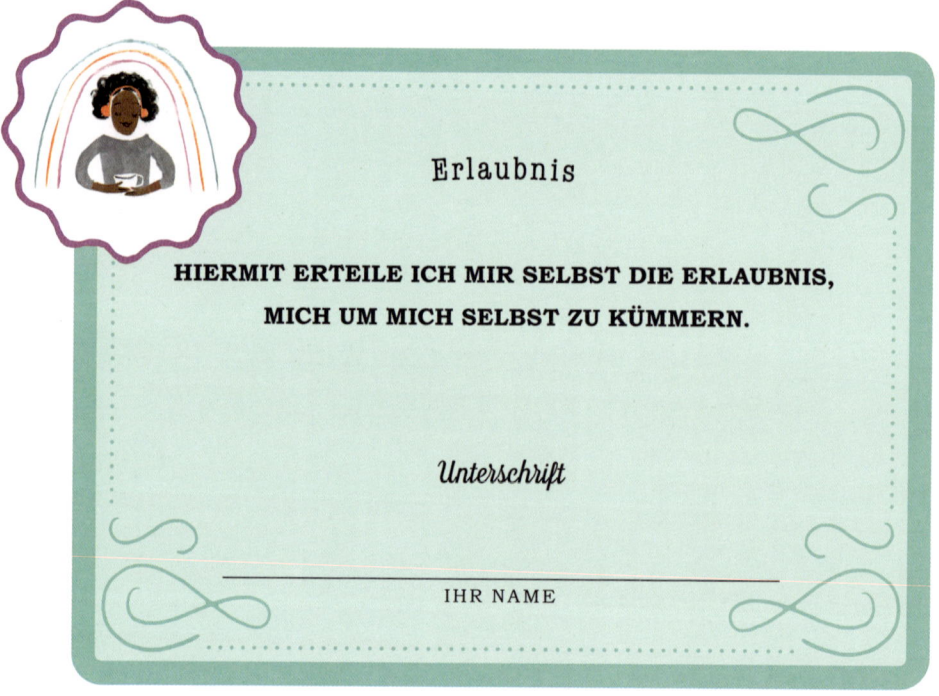

Erlaubnis

**HIERMIT ERTEILE ICH MIR SELBST DIE ERLAUBNIS,
MICH UM MICH SELBST ZU KÜMMERN.**

Unterschrift

IHR NAME

Herzlichen Glückwunsch! Sie haben soeben zwei große Schritte in Richtung eines gesünderen Lebens für sich selbst *und* Ihre Familie gemacht.

Vermächtnis, Teil 1

Wie soll man Sie am Ende Ihres Lebens in Erinnerung behalten? Wie wollen Sie als Mutter in Erinnerung bleiben? Was wünschen Sie sich: Was sollen Ihre Kinder später über Sie sagen? Und fühlen? Glauben Sie, Sie sind auf dem richtigen Weg für eine Lobrede?

Eine spezielle Art ein Buch anzufangen, oder? Ich weiß, das ist nicht das erbaulichste Thema, aber es ist eine der kraftvollsten Arten, Ihr Leben ganz ohne Schnickschnack zu betrachten. Ich nutze sie jeden Tag.

Am Lebensende werden Sie sich fragen, ob Sie stolz darauf sind, wie Sie gelebt haben. Sie werden darüber nachdenken, wie Sie Ihre Chancen genutzt haben. Sie werden in Erinnerungen an die Orte, an denen Sie waren, und die Beziehungen, die Sie aufgebaut haben, schwelgen. Sie werden sich an die Hindernisse erinnern, die Sie überwunden haben, und an die Schwierigkeiten, die Sie überstanden haben. Vielleicht denken Sie auch darüber nach, welches Vermächtnis Sie hinterlassen.

Ich spreche hier nicht über Ihren Tod. Es geht um Ihr *Leben* und wie Sie es zukünftig gestalten wollen. Unsere Zeit hier ist begrenzt, also lassen Sie uns von nun an jeden Tag sinnvoll leben. Ich nutze diese Perspektive häufig selbst und stelle mir diese harten Fragen zu Leben und Tod, um meine Prioritäten immer vor Augen zu haben.

Wir müssen gut aufpassen, denn so viel in unserem Alltag hat nichts mit diesen Momenten zu tun, auf die wir an unserem Lebensende zurückschauen. Sie werden sich nicht daran erinnern, wie viele E-Mails Sie sortiert haben oder wie viele Freunde Sie auf Facebook hatten. Sie werden nicht stolz auf die Wäscheberge sein, die Sie bewältigt haben, statt mit Ihren Kindern auf dem Boden Karten zu spielen. Sie werden nicht liebevoll an die Momente zurückdenken, in denen Sie getadelt oder sich beschwert haben. Es könnte sogar sein, dass Sie merken, dass das Vermächtnis, das Sie hinterlassen, nicht das ist, was Sie sich erhofft hatten.

Ich weiß, wir denken nicht gerne daran, aber morgen – oder sogar heute – könnte unser letzter Tag sein. Von dieser Perspektive aus geht es im Leben nicht mehr so sehr darum, perfekt zu sein. Es geht darum, zielgerichtet zu leben und wieder aufzustehen, wenn Sie fallen. Es geht um feste Umarmungen und tiefe Liebe. Es geht um die Familie, um Freunde, Vergebung. Und es geht auch darum, dass Sie sich um sich selbst kümmern. Das sind alles Dinge, die Sie jetzt und hier tun können, um für sich ein Leben ohne Reue zu schaffen.

Übung: Keine Reue

**Was würde Ihnen an Ihrem Lebensabend leidtun,
wenn Sie es nicht getan hätten?**

_____

_____

_____

_____

_____

_____

*Denken Sie daran, während Sie an den Übungen zur Lebens-
planung arbeiten: Keine Reue.*

WERTE

Unsere Zeit mit unseren Kindern ist so unglaublich kurz, und wir haben nur eine flüchtige Chance, Einfluss auf ihr Leben zu nehmen, sogar, wenn wir alle ein langes, gesundes Leben haben. Unser Vermächtnis jedoch kann unsere Kinder (und deren Kinder) noch lange, nachdem wir nicht mehr bei ihnen sein können, beeinflussen. Daher sollten wir ein bewusstes Vermächtnis hinterlassen.

Dazu müssen Sie erst einmal herausfinden, wer Sie überhaupt sind. Vielleicht denken Sie, dass Sie das schon wissen, z. B. eine *Mutter* oder eine *Ehefrau*, eine *Schwester* oder *Angestellte* – aber das sind nur Etiketten. Wer verbirgt sich hinter diesen Etiketten? Wer sind Sie ganz tief innendrin? Was ist für Sie am allerwichtigsten und macht Sie am glücklichsten? Anders gefragt: Was sind Ihre Werte?

> Es ist nicht schwierig, Entscheidungen zu treffen,
> wenn man seine Werte kennt.
>
> **—ROY DISNEY**

Ihre Werte stehen für die Prinzipien, die Sie im Leben leiten. Wenn Sie mit dem, was Ihnen am wichtigsten ist, im Reinen sind, dann wird Ihr Lebensweg klarer, und es ist einfacher, Prioritäten zu setzen.

Was mich selbst angeht: Ich habe haufenweise Bücher gelesen, in denen ich etwas ausfüllen sollte. Ich mache es nur selten. Ich bin zu beschäftigt. Ich denke immer, ich habe das Konzept schon verstanden und muss nicht noch mehr Zeit darauf verwenden. Aber das ist falsch. Wenn Sie sich die Zeit nehmen, etwas aufzuschreiben, dann entsteht eine Verbindung in Ihrem Gehirn, die Ihnen helfen wird, das Konzept auch wirklich zu verinnerlichen. Wenn Sie nicht länger von Ihrem Alltag überfordert sein möchten, machen Sie die Übungen!

Übung: Werte, Teil 1

Lesen Sie die (natürlich unvollständige) Liste mit Worten durch und beantworten Sie die folgenden Fragen.

Abenteuer	Einfühlsam	Geben
Achtsamkeit	Elegant	Geduldig
Akzeptanz	Engagement	Gelassenheit
Albern	Enthusiastisch	Gesundheit
Altruismus	Entschlossenheit	Gewinnerin
Anders	Entspannung	Glück
Ausdauernd	Erfolg	Großzügig
Ausgeglichenheit	Ermutigend	Gut
Belastbarkeit	Familie	Harmonie
Bescheiden	Flexibel	Hingabe
Bewusstsein	Freiheit	Hoffnungsvoll
Bodenständig	Freude	Humor
Brillanz	Freundlichkeit	Innovativ
Courage	Führungsperson	Kämpferisch
Dankbarkeit	Furchtlos	Können
Effektiv	Fürsorge	Konzentriert

Lebenskraft	Ruhe	Wissen
Leidenschaft	Schönheit	Wunder
Leistung	Sicherheit	Zuneigung
Lernen	Spirituell	Zuversichtlich
Liebe	Stärke	
Loyalität	Stille	
Lustig	Talent	
Motivation	Teamarbeit	
Mut	Toleranz	
Neugierde	Träumerin	
Nett	Treu	
Optimismus	Tugend	
Positiv	Verständnis	
Produktiv	Vielfalt	
Reife	Vision	
Respekt	Wagemut	
Risiko	Wertschätzung	

Suchen Sie sich die zehn Werte aus, die Ihren Kern am besten beschreiben. Wenn Ihnen ein Wort fehlt, das einen Ihrer Werte beschreibt, schreiben Sie es einfach unten dazu.

1. _____
2. _____
3. _____
4. _____
5. _____
6. _____
7. _____
8. _____
9. _____
10. _____

*Jetzt wird es ein bisschen schwieriger. Suchen Sie sich aus dieser
Liste mit zehn Werten die drei aus, die am wichtigsten für Sie sind.*

1. _____

2. _____

3. _____

*Die nächste Frage ist wirklich hart. Stellen Sie sich vor, sie würden
sich Ihre wichtigste Wertvorstellung tätowieren lassen. Wie würde
Ihr Tattoo aussehen?*

_____

_____

Was ist Ihre wichtigste Wertvorstellung?

_____

_____

Erinnern Sie sich an dieses Wort. Schreiben Sie es sich auf und
hängen Sie es dort auf, wo Sie es immer lesen können (das Tattoo
ist optional). Warum? Ihre Kernwerte können Ihnen bei allen Entscheidungen helfen, sowohl bei der Arbeit als auch in der Familie.
Sie sollten zu Ihrem Herzen und zu Ihrem Verhalten passen. Wenn
die Familie zum Beispiel unter Ihren Top 3 ist, aber Sie 70 Stunden die Woche arbeiten, dann stimmt in Ihrem Leben etwas nicht.
Diese Ungereimtheit wird Ihnen Stress und Konflikte bereiten.
Schauen Sie sich Ihre drei wichtigsten Kernwerte noch einmal an.
Fühlen Sie sich gut mit ihnen? Stellen Sie Ihr wirkliches Ich dar?
Sie sollten stolz auf Ihre Werte sein. Falls Ihre Liste Sie nicht rich-
tig anspricht, ersetzen Sie die Blindgänger durch Werte, die Sie
wirklich repräsentieren.

Hier und jetzt ist der Moment, Ihr Leben zu lenken und nicht nur
zu bewältigen. Es ist an der Zeit, wirklich Sie selbst zu sein. Es ist
an der Zeit, Ihr Vermächtnis aufzubauen!

Übung: Werte, Teil 2

Bringen Sie die Liste mit Ihren 10 Kernwerten in eine Form, in der Sie sie den ganzen Tag über in Sichtweite haben können. Unterscheiden Sie die Wichtigkeit der Werte, sodass Sie die drei Hauptwerte und Ihren allerwichtigsten Kernwert auf einen Blick sehen können.

Wählen Sie eine Form, die für Sie am besten funktioniert. Sie können Ihre Werteliste abtippen und ein Bild als Handyhintergrund erstellen. Drucken Sie die Liste aus und hängen Sie sie gut sichtbar auf. Sie sollten Ihre Werte täglich aufs Neue verinnerlichen.

SICHERN SIE SICH UNTERSTÜTZUNG

Eine Mama zu werden, kann eine ganz schön einsame Erfahrung sein. Sie erwarten, dass alles super und wunderschön wird, aber die Mutterschaft kann uns sogar ganz schön ausschließen. Sie sind erschöpft. Sie wissen nicht, wie Sie sich um ein kleines Baby kümmern sollen. Und Sie sind allein.

Aber in Wirklichkeit sind Sie gerade der ältesten Gemeinschaft der Welt beigetreten: der Mutterschaft. Alle Mamas sind verbunden. Alle Mütter wollen sich gegenseitig unterstützen. Ein altes Sprichwort sagt, es braucht ein ganzes Dorf um ein Kind zu erziehen. Finden Sie Ihr Dorf. Ich habe *Stroller Strides* auf die Beine gestellt, um mein Dorf zu finden. Finden Sie eine Müttergemeinschaft oder eine Gruppe in Ihrer Nähe.

Was mich selbst angeht: Ich wollte meine eigenen Werte nicht mit Ihnen teilen, bevor Sie nicht die Chance hatten, über Ihre eigenen nachzudenken. Ich hoffe, Sie haben die Übung nicht übersprungen. Wir orientieren uns zu oft an anderen. Bleiben Sie bei den Werten, die Sie ausgesucht haben. Sie können sich aber in verschiedenen Lebensphasen ändern. Meine Top 3 sind derzeit: Liebe, Gesundheit und Zeit. Wenn mein Leben auf Liebe aufbaut, ist doch alles gut, finde ich! Gesundheit ist die Grundlage meines Lebens. Und Zeit ist ein Wert, den ich stets sehr schätze. Ich weiß, wie kostbar sie ist!

Monatsaufgabe

Januar:

Pflegen Sie Ihr ICH als Mama und laden Sie täglich zehn Minuten Ihre Batterien auf.

Streben Sie nicht weiter nach Perfektion. Streben Sie danach, besser zu werden als gestern.

Gehen Sie nicht einfach nur durch dieses Jahr hindurch. Wachsen Sie durch es!

Kapitel 2

Finden Sie Ihre Bestimmung

Da nun Ihre Batterien aufgeladen sind und Sie bereit sind, positive Veränderungen in Ihrem Leben vorzunehmen, ist es an der Zeit zu überlegen, wie Sie sich dieses Leben vorstellen. In diesem Kapitel helfe ich Ihnen beim Beginn der Planung dieses Lebens – nachdem wir uns einmal ernsthaft über Ihre Träume unterhalten haben.

Träume und Visionen

Als Sie noch ein Kind waren haben Sie sich bestimmt öfter ausgemalt, wie Ihr Leben einmal sein würde. Ich dachte, ich würde Künstlerin werden oder vielleicht die Dame, die im Zirkus von einem Seil hängt. Meine Eltern haben niemals zu mir gesagt, dass es dazu nicht kommen würde. Meine Tochter Rachel stellt sich im Moment vor, dass sie Tierärztin und Lehrerin werden wird. Mein Sohn Jacob meint, er wird irgendwann einen Indoor-Basketballplatz und eine Bowlingbahn in seinem Haus haben. Ich zerstöre keine Träume und daher unterstützen wir diese Ideen mit Plänen. Ich werde Ihnen helfen, dasselbe zu tun.

Erst einmal müssen Sie wissen, was Ihre Träume sind. Sie können keinen soliden Plan auf einer vagen Idee aufbauen! Wir reden oft darüber, dass wir klare Ziele für solche Dinge wie Diäten oder Karriereziele brauchen. Aber wie wollen Sie, dass Ihr Leben aussieht, sich anfühlt? Was würden Sie gerne einmal tun? Haben Sie davon eine klare Vorstellung? Und wann soll es so weit sein? (Wie meine Freundin Annie Fonte sagt: „Irgendwann steht in keinem Kalender.")

Ich finde es interessant, dass die Mütter, mit denen ich spreche, oft mehr Zeit für Sport und Bewegung wollen, mehr Zeit für sich selbst und mehr Zeit in der Natur – nicht etwa Dinge, die viel Geld kosten, wie ein tolles Haus oder ein Auto. Wenn Sie also Geld vorschieben, um nicht über Ihre Träume nachzudenken, dann suchen Sie schon mal nach einem besseren Grund – oder machen Sie die folgende Übung.

Übung: Träume

Nehmen Sie sich ein paar Minuten Zeit und schreiben Sie Ihre Träume auf. Dabei ist es egal, ob sie realistisch sind oder nicht. Entwerfen Sie ein lebendiges Bild davon, wie ein erfolgreiches, glückliches Leben für Sie aussehen würde. Wo würden Sie in Ihrem Traumleben wohnen? Wer ist bei Ihnen? Wie sieht der perfekte Tag aus? Und wie fühlt sich das alles an? Schreiben Sie alles so detailliert wie möglich auf. Denken Sie daran, dass es keine Hindernisse in diesem Traum gibt.

Lebensrad

Träume sind gut und schön, aber wie können wir daraus eine Realität schaffen? Zig Ziglar, Autor und Motivationsredner, sagt: „Wenn Sie es erträumen können, können Sie es erreichen." Ich glaube fest daran und werde Ihnen zeigen, wie es auch für Sie funktionieren kann.

Eines meiner liebsten Werkzeuge ist das Lebensrad. Bei dieser Aufgabe sehen wir uns verschiedene Bereiche in Ihrem Leben an. Das große Ganze wird dabei in die folgenden Abschnitte unterteilt:

- ◆ Karriere
- ◆ Sozialleben
- ◆ Familie

- ◆ Körper
- ◆ Geist
- ◆ Spiritualität

- ◆ Finanzielle
  Situation

Für diese Übung bewerten Sie jeden dieser Lebensbereiche und tragen Ihre Bewertung in das „Rad" auf der nächsten Seite ein. So bekommen Sie eine schnelle Übersicht darüber, wie ausgeglichen Ihr Leben ist. Ein Rad sollte rund sein, aber Sie merken vielleicht, dass Ihr Rad ein wenig (oder sehr!) von dieser Form abweicht. Wir alle konzentrieren uns meist mehr auf bestimmte Bereiche unseres Lebens und lassen dabei andere ganz außer Acht. Um sie in den Fokus zu rücken, sollten wir zuerst einen ehrlichen Blick darauf werfen, womit Sie Ihre meiste Zeit verbringen und worauf Sie Ihre Aufmerksamkeit richten.

Übung: Lebensrad, Teil 1

Sehen Sie sich Ihre verschiedenen Lebensbereiche an, vom Finanziellen bis zum Liebesleben. Bewerten Sie sie von 1 bis 10 (10 heißt dabei, dass Sie am zufriedensten sind), indem Sie neben der Zahl einen Punkt auf der Linie markieren. Verbinden Sie dann die Punkte durch das ganze Rad hindurch. Welche Form entsteht? Das Ideal ist ein großes Rad, aber eventuell sehen Sie eine Form, die nicht so gut rollen würde. Und so fühlt es sich doch auch an, wenn einige Ihrer Lebensbereiche nicht ausgeglichen sind, oder?

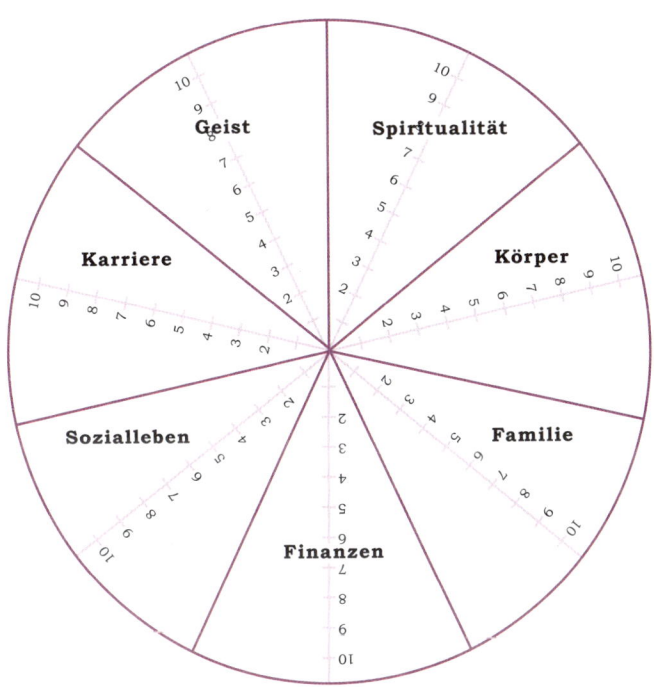

Welche der Bereiche, die Sie am niedrigsten bewertet haben, bereiten Ihnen ein flaues Gefühl im Magen? Konzentrieren Sie sich darauf, hier die Bewertung zu verbessern. Keine Angst, ich erkläre Ihnen den Prozess noch, aber Sie können jetzt sofort anfangen, sich ein bisschen dafür Zeit zu nehmen.

Welcher der Bereiche, die Sie hoch bewertet haben, macht Ihnen am meisten Freude? Klopfen Sie sich selbst auf die Schulter: Diese Zufriedenheit haben Sie selbst geschaffen!

Das Lebensrad ist ein Werkzeug, das Ihnen hilft, bewusster zu leben. Ein ideales Leben könnte wie ein rundes Rad aussehen, aber es kann auch gut sein, dass Ihr ideales Leben ganz anders aussieht. Vielleicht ist es ok für Sie, weniger Freizeitaktivitäten zu haben und dafür eine stabilere finanzielle Situation. Es gibt keine richtigen oder falschen Antworten, treffen Sie einfach eine bewusste Entscheidung. Es ist Ihr Leben!

((Fortsetzung auf der nächsten Seite)

Meine Punktzahl im Bereich Freundschaft ist seit einiger Zeit eher niedrig, und das ist auch in Ordnung für mich. In diesem Lebensabschnitt konzentriere ich mich mehr auf meine Familie und mein Unternehmen. Ich hatte eine niedrige Punktzahl im Bereich Finanzen. Das fand ich nicht in Ordnung. Ich wollte mehr über College-Sparpläne und Rentenansprüche wissen und habe drei Bücher über finanzielle Unabhängigkeit gelesen.

Unser Leben ändert sich mit den Jahren. Machen Sie die Lebensrad-Übung wenigstens einmal im Jahr.

Jetzt haben Sie einen Überblick über Ihre Lebenszufriedenheit. Schauen wir uns nun eines meiner Lieblingsthemen an: ZEIT.

Übung: Zeit-Bestandaufnahme (Lebensrad, Teil 2)

Geben Sie in der Tabelle unten an, wie viele Stunden Sie derzeit täglich durchschnittlich auf die verschiedenen Bereiche verwenden. Was würden Sie sich wünschen?

ZEIT		
	Jetzt	Gewünscht
Arbeit		
Ehe/Liebe		
Schlaf		
Spaß		
Haushalt		
Kinder		
Religion		
Telefon/E-Mail		
Sport		

Viele meiner Kundinnen sagen, dass sie bei Ihrer „Jetzt"-Stunden-
zahl auf mehr als 24 Stunden kommen! Und so fühlt es sich auch
manchmal an, oder?

Vergleichen Sie nun Ihre Stundenanzahl in den verschiedenen
Bereichen mit Ihrem Zufriedenheitsniveau im Lebensrad in demsel-
ben Bereich. Gibt es einen Zusammenhang? Sie bekommen eine gute
Vorstellung davon, womit Sie mehr Zeit verbringen und worauf Sie sich
mehr konzentrieren sollten.

Suchen Sie sich für den Anfang drei Bereiche aus Ihrem Lebens-
rad aus, in denen Sie nicht die Punktzahl haben, die Sie gerne hätten.
Überlegen Sie sich eine einzige Sache, die Sie heute noch tun können,
um das Gleichgewicht in diesem Bereich ein bisschen näher an Ihre ge-
wünschte Punktzahl heranzubringen.

Schreiben Sie diese drei Veränderungen auf, und heben Sie sie an ei-
nem Ort auf, den Sie jeden Tag sehen können. So vergessen Sie nicht, was
Sie sich vorgenommen haben. Sie können diese Seite als Vorlage nehmen.

1. *Bereich:*
_____

Was ich ändern will:
_____
_____
_____

2. *Bereich:*
_____

Was ich ändern will:
_____
_____
_____

3. *Bereich:*
_____

Was ich ändern will:
_____
_____
_____

Der persönliche Aktionsplan

Jetzt haben Sie eine bessere Vorstellung davon, wie Sie sich Ihr Leben wünschen. In den Bereichen, die ein wenig aus dem Gleichgewicht geraten sind, brauchen Sie einen Plan, um sie zu verbessern. Lassen Sie uns Ihr Leben „designen" – machen wir einen Plan!

> Nun, es ist kein Tagtraum, wenn du dich entscheidest, es zu deinem Leben zu machen.
>
> —„SHE'S ON FIRE" BY TRAIN

Nehmen Sie sich ein paar Minuten Zeit, um die Übung zu Ihren Träumen noch einmal durchzulesen, und schauen Sie sich auch das Lebensrad und Ihre Zeit-Bestandsaufnahme noch einmal an. Das Bild, das Sie so für sich geschaffen haben, wollen wir jetzt verschiedenen Levels zuteilen. (Wissen Sie noch? Wir machen ganz kleine Schritte.)

Level 1: Der ultimative Traum, egal ob Sie glauben, dass er überhaupt erreichbar ist oder nicht. (Beispiel: ein Gestüt mit Pferden besitzen)
Level 2: Hochgegriffen, aber mit einem guten Plan erreichbar (Beispiel: für eine Woche ein Haus in Italien mieten)
Level 3: Unverhandelbares Muss in Ihrem Leben (Beispiel: den Kindern eine gute Ausbildung ermöglichen)

Indem Sie diese Levels benutzen, sollten Sie sich nun entscheiden, welche Teile Ihres Traumlebens in welches Level gehören. Die drei Beispiele oben sind übrigens meine eigenen!

Level 1: _____

_____

Level 2: _____

_____

Level 3: _____

_____

Ihr persönlicher Aktionsplan

Ein Traum, auf Papier gebracht und mit einem Datum
versehen, wird zu einem Ziel. Ein Ziel, das in Schritte
unterteilt wird, wird zu einem Plan. Ein Plan, der durch
Handlungen gestützt wird, macht Ihre Träume wahr.

—GREG S. REID

Schreiben Sie nun für jedes Level ein Ziel auf. Fangen Sie mit dem
niedrigsten Level (Level 3) an. Sie können die Vorlage auf S. 40 nutzen. Wenn Sie zum Beispiel Ihre Kinder auf die Universität schicken
wollen, dann könnte ein erster Schritt sein, herauszufinden, wie viel
Geld Sie das kosten wird. Ein zweiter Schritt könnte sein, herauszufinden, wie viel Sie dafür jeden Monat sparen müssten. Ein dritter
Schritt könnte sein, sich Ihre finanzielle Situation anzuschauen und
sich zu überlegen, wo Sie Änderungen vornehmen können. Machen
Sie sich keine Sorgen darum, wo Sie die Kraft und die Zeit dafür
hernehmen sollen. Darüber sprechen wir noch im Rest des Buches.

Ziel für Level 3

Benutzen Sie das SMART-Konzept für Ihr Ziel (spezifisch, messbar, aktionsorientiert, realistisch, terminiert).

Ihr SMART-Ziel:

_____

_____

Bis wann?

_____

_____

Wieso will ich dieses Ziel erreichen?

_____

_____

_____

_____

Wie werde ich mich fühlen, wenn ich das Ziel nicht erreiche?

_____

_____

_____

_____

Untergliedern Sie Ihr Ziel. Was brauchen Sie, um das Ziel zu erreichen? (Fügen Sie bei Bedarf noch weitere Schritte hinzu.)

1. _____

2. _____

3. _____

4. _____

5. _____

_____

_____

_____

Ziel für Level 2

Benutzen Sie das SMART-Konzept für Ihr Ziel (spezifisch, messbar, aktionsorientiert, realistisch, terminiert)

Ihr SMART-Ziel:

_____

_____

Bis wann?

_____

_____

Wieso will ich dieses Ziel erreichen?

_____

_____

_____

_____

Wie werde ich mich fühlen, wenn ich das Ziel nicht erreiche?

_____

_____

_____

_____

Untergliedern Sie Ihr Ziel. Was brauchen Sie, um das Ziel zu erreichen? (Fügen Sie bei Bedarf noch weitere Schritte hinzu.)

1. _____
2. _____
3. _____
4. _____
5. _____

_____

_____

_____

Ziel für Level 1

Benutzen Sie das SMART-Konzept für Ihr Ziel (spezifisch, messbar, aktionsorientiert, realistisch, terminiert)

Ihr SMART-Ziel:

_____

_____

Bis wann?

_____

_____

Wieso will ich dieses Ziel erreichen?

_____

_____

_____

_____

Wie werde ich mich fühlen, wenn ich das Ziel nicht erreiche?

_____

_____

_____

_____

Untergliedern Sie Ihr Ziel. Was brauchen Sie, um das Ziel zu erreichen? (Fügen Sie bei Bedarf noch weitere Schritte hinzu.)

1. _____

2. _____

3. _____

4. _____

5. _____

_____

_____

Monatsaufgabe

Februar:

Nehmen Sie sich täglich zehn Minuten mehr Zeit für einen Bereich des Lebensrads mit niedriger Punktzahl.

Streben Sie nicht weiter nach Perfektion. Streben Sie danach, besser zu werden als gestern.

Gehen Sie nicht einfach nur durch dieses Jahr hindurch. Wachsen Sie durch es!

Kapitel 3

Nehmen Sie sich Zeit

Ist Ihr Kalender übervoll? Schieben Sie ständig noch neue Aktivitäten dazwischen? Jede Mutter wünscht sich Tage, die länger als 24 Stunden dauern. Aber selbst, wenn wir 25 Stunden hätten – würde das helfen?

In diesem Kapitel sprechen wir darüber, wie Sie herausfinden, wo Sie zuerst Hand anlegen wollen, damit Sie die wichtigsten Ziele zuerst erreichen. Es wird Ihnen auch zeigen, wie Sie einige Aufgaben delegieren können – und wie Sie Ihr Dorf voller Mütter finden, in dem sich alle gegenseitig helfen!

Prioritäten

Die Zeit ist ein geschaffenes Ding. Zu sagen „Ich habe keine Zeit" ist wie zu sagen „Ich will nicht".

—LAOTSE

Fast alle Mamas, die ich kennenlerne, sind hektisch und überfordert und sagen, Sie seien „beschäftigt", als wäre das eine Art Pfadfinderauszeichnung. Atmen Sie tief durch. Nein, im Ernst, halten Sie jetzt inne und atmen Sie einmal tief ein und aus. Werden Sie langsamer. Gar nicht so einfach, sagen Sie? Ich weiß. Sie können mir glauben, ich weiß es wirklich! Ich war auch einmal diese Frau, die die ganze Zeit hektisch hin- und herrannte. Um ehrlich zu sein bin ich es sogar immer noch. Aber ich habe mir selbst beigebracht, nicht mehr ständig so überfordert zu sein, und ein langsameres, friedlicheres Leben zu führen. Ich helfe Ihnen, dasselbe zu tun.

Wie oft haben Sie sich gewünscht, der Tag hätte ein paar Stunden mehr. Hexhex! Ich habe Ihnen gerade drei Stunden mehr geschenkt. Was würden Sie damit machen? Würden Sie mehr Sport treiben? Meditieren? Spielen? Ich bezweifle es. Ich stelle mir vor, wie Ihr Gehirn sofort rüber zur To-do-Liste gehüpft ist und sich gefreut hat, dass es jetzt noch mehr alltägliche Aufgaben erfüllen kann. Und überhaupt, mehr Zeit zu bekommen ist ohnehin nur Fantasie, oder?

Falsch. In Wahrheit haben wir alle schon mehr Zeit bekommen. Denken Sie nur daran, wie die Technologie uns haufenweise Zeit spart. Das Problem ist, dass wir in dieser zusätzlichen Zeit das gleiche alte Zeug machen, wie immer. Zeug, das nichts für unsere Seele tut.

Die meisten von uns reagieren im alltäglichen Leben nur. Wir stehen auf, wir machen etwas zu essen, wir waschen Wäsche, bringen die

Kinder irgendwohin, gehen zur Arbeit. Wir leben nach einer unendlichen To-do-Liste, und tun, was scheinbar getan werden muss. Genau, ich habe scheinbar gesagt. Einige der Dinge, die Sie tun, müssen vielleicht gar nicht unbedingt erledigt werden. Oder zumindest nicht von Ihnen. Denken Sie einmal darüber nach. (Übers Delegieren sprechen wir später in diesem Kapitel noch.)

> Die Zeit ist kostenlos, aber sie ist unbezahlbar. Sie können Sie nicht besitzen, aber Sie können Sie nutzen. Sie können Sie nicht halten, aber Sie können Sie verbringen. Einmal verloren, bekommen Sie sie nicht mehr zurück.
>
> —HARVEY MACKAY

AWD

Wir haben alle dieselben 24 Stunden am Tag und 168 Stunden in der Woche zur Verfügung. Sie werden vorübergehen, egal wie Sie sie nutzen wollen. Wir müssen also einen Plan dafür machen. Ich habe das auf die harte Tour gelernt.

Ein paar Jahre, nachdem ich mein Unternehmen gegründet hatte, lief ich komplett kopflos und überdreht in der Gegend herum. Bis meine Schwester mich darauf ansprach. Sie sagte, ich sähe immer völlig gestresst aus und hätte nie Zeit für Familie und Freunde. Ironischerweise hatte ich nicht einmal Zeit für meine Kinder – und deswegen hatte ich das Unternehmen doch überhaupt erst auf die Beine gestellt! Autsch. Nur eine Schwester kann so ehrlich sein. Aber sie hatte recht.

Ich wusste, es musste sich etwas ändern. Also setzte ich mich an meinen Schreibtisch und schaute mir meine To-do-Liste an, die damals noch auf Papier war. Sie war seitenlang, und das meiste darauf hatte nichts damit zu tun, was für mich eigentlich wichtig war. Ich hielt sofort inne und suchte mir die drei wichtigsten Bereiche in meinem Leben heraus. Damals waren das meine Familie, das Unternehmen und Freunde. Mir wurde klar, dass ich das umschreiben musste, denn meine Ehe brauchte auch mehr Aufmerksamkeit.

Also änderte ich meine Liste. Ich fing an, meine Listen danach zu sortieren, was für mich wichtig war. Ich nannte sie meine **A**llerwichtigsten **D**inge (AWD). Diese Übung war wirklich bahnbrechend für mich, und ich möchte sie gerne mit Ihnen teilen.

Übung: AWD

Atmen Sie noch einmal ganz tief durch. Machen Sie Ihre Augen zu und Ihren Kopf frei. Was sind die drei allerwichtigsten Bereiche in Ihrem Leben?

1. _____

2. _____

3. _____

Jetzt schauen Sie sich Ihre aktuelle To-do-Liste an. Wie viel davon hat wirklich mit Ihren drei allerwichtigsten Bereichen zu tun?

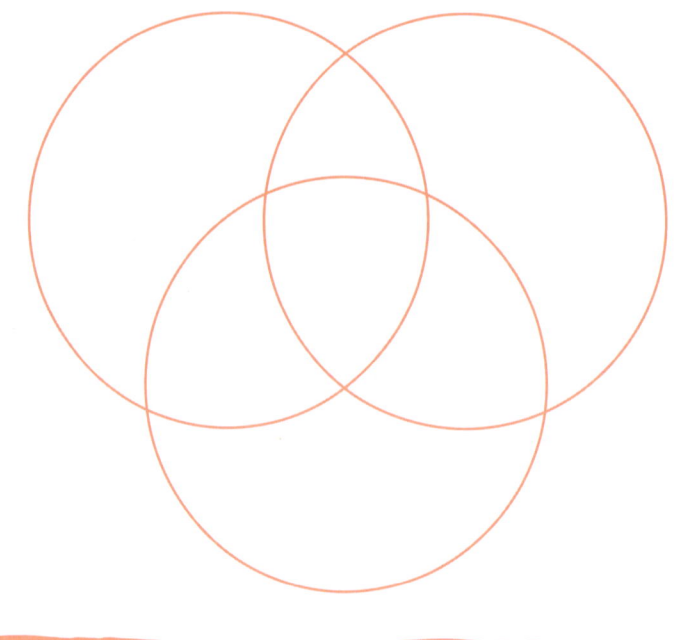

Schreiben Sie eine neue To-do-Liste, und nehmen Sie nur Punkte auf, die mit Ihren AWD zu tun haben. Gab es etwas, bei dem Sie gesagt haben: „Stopp, Moment mal, DAS kann ich nun wirklich nicht streichen!"? Ich fordere Sie heraus, alle diese Dinge von Ihrer Liste zu streichen.

Als nächstes schreiben Sie bitte Ihre drei AWD in das Kreisdiagramm auf der anderen Seite, eines in jeden Kreis.

Schreiben Sie jetzt in die Mitte ICH!

Sie können sich um diese Bereiche nicht kümmern, wenn Sie sich nicht um sich selbst kümmern. Denken Sie an Ihre Verpflichtung!

MICH UM MICH SELBST KÜMMERN

Was können Sie jeden einzelnen Tag tun, um sich besser um sich selbst zu kümmern, egal ob Sie denken, dass Sie dafür Zeit haben oder nicht?

1. *Spazieren gehen*
2. *Meditieren*
3. *Raus in die Natur gehen*
4. *Ein Tagebuch führen*
5. *Gemüse essen*
6. *Mehr Wasser trinken*
7. *Mehr Vitamine zu sich nehmen*
8. *Einen Yoga-Kurs machen*
9. *Laufen, walken oder schwimmen gehen*
10. *Einen Fitness-Kurs machen*
11. *Ein inspirierendes (oder auch nur interessantes!) Buch lesen*
12. _____
13. _____
14. _____
15. _____

Ich habe mir eine kleine „Ich"-Checkliste ausgedacht, um mich fit zu halten. Ich muss jeden Tag die Punkte auf dieser Liste abarbeiten.

- ☐ **Bewegung.** Ich muss mich jeden Tag bewegen. Im Idealfall heißt das Sport, aber mit den Hunden spazieren gehen zählt auch!
- ☐ **Ernährung.** Ich will mich jeden Tag gesund ernähren.
- ☐ **Innehalten.** Ich will mir jeden Tag ein wenig Zeit nehmen, um über meine Ziele nachzudenken, darüber, wie ich mich fühle und wofür ich dankbar bin.
- ☐ **Da sein.** Ich möchte mir jeden Tag zehn Minuten nehmen, um einfach nur da zu sein. Das kann Meditation sein, Tagebuch schreiben oder einfach nur ruhen.
- ☐ **Lernen.** Ich möchte jeden Tag etwas lernen. Normalerweise lerne ich in Form von Hörbüchern oder Podcasts.

Wer hat denn Zeit für so etwas? Sie!
Wenn Sie eine „Ich"-Checkliste schreiben müssten, was stünde darauf?

1. _____

2. _____

3. _____

4. _____

5. _____

Es gibt verschiedene Abschnitte in Ihrem Leben, und Ihre AWD werden sich ab und an ändern. Aktualisieren Sie Ihre Liste hin und wieder!

Hängen Sie Ihre Liste an einem gut sichtbaren Ort auf. Wenn Sie in den Tag starten, überlegen Sie sich, was Sie für jedes Ihrer AWD tun werden.

Wenn zum Beispiel meine Kinder, meine Ehe und mein Unternehmen meine AWD sind (mit mir selbst im Mittelpunkt), dann könnten meine AWD für den Tag so aussehen:

Ein Brettspiel mit den Kindern spielen (ohne Blick aufs Handy).
Meinem Mann eine pikante Textnachricht schreiben, damit er weiß, dass ich an ihn denke.
Ich tue jeden Tag mehr als ein AWD für mein Unternehmen!
Trotzdem suche ich mir eine besonders wichtige Aktion aus.
Ich nehme mir zehn Minuten zum Meditieren und kümmere mich nur um MICH.

Ich habe das Gefühl, es gibt immer viel zu viel zu tun. Wenn ich einen Schritt zurücktrete und mich darauf konzentriere, was wirklich wichtig ist, bin ich immer auf dem richtigen Weg.

Sie können Ihre AWD benutzen, um herauszufinden, welche die wichtigsten Bereiche in Ihrem Leben sind. UND es hilft auch, sich jeden Tag auf drei AWD zu konzentrieren. Das ist Ihre To-do-Liste – immer zu tun, was am allerwichtigsten ist. Das ist der Schlüssel zu weniger Überforderung und gleichzeitig mehr Fokus auf Ihren Lebenssinn.

Weniger ist mehr

Fakt ist: Wir sind ständig beschäftigt. Unsere Zeit und unser Gehirn sind vollkommen überladen. Ein paar Atemübungen, auch wenn sie noch so wichtig sind, werden nicht auf einmal unser stressiges Leben vollkommen umkrempeln. Wir müssen kürzertreten und die Dinge vereinfachen. Müssen Sie im Sportverein, im Schulelternbeirat und beim Plätzchenbacken dabei sein? Nein. Muss Ihr Kind an drei Nachmittagen zum Sport und an einem zur Nachhilfe? Nein.

Denken Sie an Ihren Kleiderschrank. Wenn Sie ein neues Shirt oder ein neues Paar Schuhe kaufen, wandern sie in Ihren Schrank. Sortieren Sie dafür ein altes Shirt und ein altes Paar Schuhe aus? Wahrscheinlich nicht. Aber was ist, wenn Sie nie aussortieren? Ihr Kleiderschrank wird aus allen Nähten platzen. In diesem Durcheinander sehen Sie nicht einmal mehr, was Sie überhaupt haben.

Schauen wir uns noch ein Beispiel an. Wahrscheinlich wissen Sie, dass die schönsten Rosenbüsche immer die sind, die am sorgfältigsten zurückgeschnitten werden. Ein Rosenbusch bringt mehr Blüten hervor, als er eigentlich ernähren kann, daher müssen Gärtner die guten Blüten abschneiden, um Platz für die allerbesten Blüten zu machen.

Genauso müssen wir es im Leben manchmal auch machen. Wo in Ihrem Leben ist einfach zu viel los? Wo ist es so voll, dass Sie gar nicht mehr sehen, was eigentlich vorgeht? Vielleicht ist es schwierig, in manchen Bereichen kürzer zu treten, aber es ist die einzige Möglichkeit, Raum für die wirklich wichtigen Dinge zu schaffen.

Manchmal stutzen Gärtner eine Pflanze zurecht, um verdorrte oder kranke Teile abzuschneiden, wie etwa einen trockenen Zweig oder Blätter mit Ungezieferbefall. Denn sie können sich ausbreiten und die ganze Pflanze könnte eingehen. Haben Sie vielleicht Angewohnheiten oder Aktivitäten, die Sie herunterziehen und Ihre Gesundheit angreifen könnten? Noch mehr Energie in diese Situationen hineinzustecken, ist nicht die Lösung. Vielleicht haben Sie Ihnen in der Vergangenheit geholfen, aber dieser Lebensabschnitt ist jetzt vorbei. Die Dinge, die nicht funktionieren müssen zurechtgestutzt werden, um Platz für ein glücklicheres, gesunderes Leben zu machen.

> Wenn wir uns daran gewöhnen, zu wissen, wann wir etwas in unserem Leben zurechtstutzen müssen, wird das, was zurückbleibt, stärker, glänzender, klarer.
>
> —LISA BYRNE

Manchmal sind es Menschen, die wir aus unserem Leben ausschließen müssen. Genau wie bei den schönsten Rosenblüten gibt es Menschen in unserem Leben, die uns Kraft geben, uns inspirieren und uns das Gefühl geben, mit der Welt zurechtkommen. Suchen Sie diese Menschen und laden Sie sie in Ihren Alltag ein! Andere Menschen zehren eher an Ihrer Lebenskraft, sind negativ und beschweren sich kontinuierlich. Vielleicht klingt es hart, aber es ist an der Zeit, diesen Menschen keinen Platz in Ihrem Leben mehr zur Verfügung zu stellen. Sie sind nicht dazu verpflichtet, das Gewicht der negativen Gefühle anderer Menschen mit sich herumzuschleppen. Besonders, wenn dadurch Ihr eigenes Licht gedämmt wird.

Ich versuche, mich mit Optimisten zu umgeben. Mir ist es egal, wie schlau oder intelligent Leute sind, wenn es Schwarzseher sind. Ich will sie nicht in meinem Haus und nicht einmal in der Nähe meines Lebens. Das Gewicht ist zu schwer. Für mich sind die inspirierendsten Menschen diejenigen, die sich gegen die Verzweiflung stemmen und geradezu dagegen angehen – nicht nur einmal oder ein paarmal in ihrem Leben, sondern jeden einzelnen Tag.

—ELIZABETH GILBERT,
AUSSCHNITT AUS EINEM INTERVIEW AUF GOODREADS.COM

Wir müssen natürlich Ausnahmen für die „notwendigen" Leute machen: Menschen, mit denen Sie Zeit verbringen müssen, weil Sie mit Ihnen zusammenarbeiten oder die zu Ihrer Familie gehören. Ich meine zum Beispiel Ihren Chef oder Ihre Schwiegermutter (natürlich nicht meine). Sie können sie nicht einfach aus Ihrem Leben ausschließen. Aber Sie können eine emotionale Schranke zwischen sich bringen. Es liegt an Ihnen, Ihre Zeit und Energie nicht von solchen Personen vergiften zu lassen.

Ja und Nein

Wie die Jahreszeiten ist das Leben wunderbar und endlich. Sie können nicht alles haben und alles tun. Um wirklich zu blühen, müssen Sie sich sorgsam überlegen, was Sie nähren und was Sie zurechtstutzten.

Um wirklich zu blühen, müssen Sie lernen, zwei Wörter achtsamer zu nutzen: Ja und Nein. Zwei Wörter, die Sie jeden Tag ständig benutzen. Aber sind Sie sich auch im Klaren darüber, wie sehr sie Ihre Lebensbalance beeinflussen?

Wenn es Ihnen auch nur ein klein wenig so geht wie mir, sagen Sie viel zu oft Ja. Vielleicht wollen wir nichts verpassen, oder wir wollen niemanden enttäuschen, aber wir sagen einfach nicht oft genug Nein. Am Ende haben wir zu viele Verpflichtungen und sind überlastet. Bis wir ganz verrückt sind.

Jedes Mal, wenn Sie Ja zu etwas sagen, sagen Sie Nein zu etwas anderem. Fakt ist, Ihr Tag ist schon voll, und zwar vom Aufstehen bis zum Schlafengehen. Und ich bezweifle, dass Sie Ihre Zeit mit fernsehen und Pralinenessen verbringen. Bevor Sie also zu etwas Ja sagen, überlegen Sie sich, was Sie bereit sind dafür sein zu lassen.

Als ich meinen Podcast *Motivating Mom* ins Rollen brachte, war mir klar, dass ich mit ein paar anderen Projekten aufhören musste, da mein Zeitplan schon komplett voll war. Ich musste mir überlegen, welche Aufgaben ich delegieren oder ganz einstampfen könnte. Ich bekomme fast täglich E-Mails von angehenden Unternehmern, die mich einladen wollen, damit ich ihnen ein paar Tipps geben kann. Ich würde so gerne allen helfen, aber mein Zeitplan lässt es nicht zu. Sonst hätte ich keine Zeit mehr für meine allerwichtigsten Dinge.

Sie müssen nicht arbeiten, damit diese Regel auf Sie zutrifft. Wenn Ihr Leben sich zu voll anfühlt, müssen Sie vielleicht auf den Elternbeirat oder anderes verzichten. Wir stellen uns Nein normalerweise als ein negatives Wort vor, aber ich denke, wir Mütter sollten es viel häufiger benutzen – für uns selbst. Ein Nein hält Ihnen den Rücken frei, sodass Sie Ihr Leben vereinfachen können. Lernen Sie, Nein zu sagen. Ich habe Nein dazu gesagt, das Geschirr allein zu spülen und meinen Kindern das Mittagessen vorzukochen. Ich habe damit Freiraum in meinem Leben geschaffen.

Nein zu sagen muss nicht immer eine Reaktion darauf sein, dass jemand Sie um etwas bittet. Vielleiht müssen Sie Nein zu Dingen sagen, die Sie nicht in Ihrem Leben wollen. Wenn Ihr Leben sich zu voll anfühlt oder Sie keine Zeit haben, die wirklich wichtigen Dinge zu tun, überlegen Sie, wozu Sie Nein sagen könnten. Vielleicht sagen Sie Nein dazu, das Haus sauber zu halten und stellen jemanden ein, um das für Sie zu erledigen. Vielleicht sagen Sie Nein zu Ihren Schulden und hören auf, jeden Tag irgendwo einen Caffè Latte zu schlürfen. Sagen Sie Nein, wenn Sie etwas nicht wollen. Nein zu zusätzlichem Stress, giftigen Menschen und giftigem Essen. Nein ist ein sehr mächtiges Wort. Verwechseln Sie es nicht mit Negativität. Es kann für oder gegen Sie arbeiten.

Aber was ist mit den Dingen, die Sie wirklich tun wollen? Ist es nicht in Ordnung, zu einigen Sachen auch Ja zu sagen? Ja! Solange Sie es vorsätzlich und bewusst tun. Ja kann ein magisches Wort sein, aber es hat auch seine Tücken. Wenn Sie es zu oft benutzen, überfordern Sie sich. Benutzen Sie es nie, verlieren Sie Ihren positiven Glanz.

Und dann gibt es auch noch Momente, in denen Sie manchmal Ja sagen müssen, obwohl Sie es eigentlich nicht wollen.

Ich erinnere mich an folgende Situation: Vor ein paar Jahren wurde ich in ein Spa in einer Anlage namens Rancho La Puerta eingeladen. Als ich die Einladung bekam, war mein erster Impuls Nein zu sagen. Mein zukünftiger Ehemann und ich waren erst seit kurzer Zeit zusammen, und irgendwie wollte ich einfach nur mit ihm zu Hause sein. Das wäre einfacher gewesen. Aber jetzt bin ich so froh, dass ich nicht den einfachen Weg genommen habe. Der Ausflug war wirklich herrlich. Ich bekam nicht nur den Aufenthalt im Spa, sondern wurde auch als Gast-Fitnesskursleiterin eingeladen.

Ja zu etwas zu sagen, zu dem ich zuerst Nein sagen will, kommt bei mir häufiger vor. Um ehrlich zu sein, bin ich wahrscheinlich ganz schön introvertiert. Ich funktioniere am besten alleine oder in kleinen Gruppen. Wenn ich zu großen Networking-Veranstaltungen eingeladen werde, klingt das für mich erst mal ziemlich schrecklich. Aber ich sage Ja, denn es bringt mich meinem Erfolgsziel näher.

Sagen Sie Ja, wenn das, was Sie zum Nein sagen bringen will, Versagensängste sind. Diese Chance beim Schopf zu greifen, kann Ihnen ungeahnte Möglichkeiten eröffnen. Nutzen Sie Gelegenheiten, wenn Sie sich bieten, auch wenn das Timing gerade nicht so toll ist oder Sie sich noch nicht bereit fühlen. Ich habe hunderte von Unternehmern interviewt und alle haben gesagt, dass sie sich nicht bereit fühlten, als sie anfingen. Ein Ja kann Sie an neue Orte führen, Ihnen helfen, neue Leute kennenzulernen und Ihre Ängste zu überwinden.

Aber denken Sie immer an das Gleichgewicht. Wirklich. Es gab mehrere Momente im Laufe meiner Karriere, in denen ich mich völlig überfordert gefühlt habe. Ich habe Jason um Geduld gebeten, weil bei mir so viel los war, aber ich war sicher, es würde bald vorbeigehen. Er sagte einmal zu mir: „Nein, das wird es nicht. Du hast dich selbst in diese Situation gebracht, du sagst doch immer Ja zu allem." Und er hatte Recht, so schwer es mir auch fiel, das zuzugeben. Nur weil etwas nach einer guten Möglichkeit klingt, heißt das noch lange nicht, dass Sie auch Ja sagen müssen. Nur weil Sie können, heißt das nicht, dass Sie es auch tun müssen. Fragen Sie sich selbst: Wenn ich Ja sage, macht mich das glücklicher? Hilft es mir dabei, meine AWD zu erreichen?

Bevor Sie sich also noch weiter verpflichten, halten Sie inne und fragen Sie sich, inwiefern Nutzen und Kosten der jeweiligen Möglichkeit sich entsprechen. Wir machen Kompromisse im Leben. Ich habe Zeit mit Freunden gegen Zeit mit der Familie und in meinem Unternehmen eingetauscht. Ich verbringe ab und zu Zeit mit meinen Freundinnen, aber ich sage öfter Nein zu ihnen als Ja. Ich fühle mich schlecht, wenn ich sie enttäusche, aber ich weiß, dass es nicht gut für mich ist, wenn ich zu viele Verpflichtungen eingehe. In diesem Lebensabschnitt fühle ich, dass meine Verpflichtungen mehr meinen Kindern und meinem Unternehmen gelten sollten. Dieser Kompromiss ist vielleicht nicht der richtige für Sie. Ich will nur veranschaulichen, dass mehr Nein in Ihrem Leben zu viel innerem Frieden führen kann.

> Lebendig zu sein, bedeutet ab und zu Dinge einzustellen, für die wir mal gebrannt haben, zu entwurzeln, was wir genährt haben und abzureißen, was wir für frühere Zeiten gebaut haben.
>
> **—HENRY CLOUD**

Übung: Ja und Nein

In seinem Buch „Essentialism: The Disciplined Pursuit of Less" beschreibt Greg McKeown eine Mentalität, die sich nur auf die wirklich grundlegenden Dinge im Leben konzentriert. Es geht darum, weniger aber bessere Dinge in unserem Leben zu tun. Ich denke, es ist an der Zeit, dass Sie JA zu den grundlegenden Sachen sagen und NEIN zu all dem Hintergrundrauschen.

Aber lassen Sie uns die Theorie in die Praxis umsetzen.

Welchen AWD verpflichte ich mich?

_____

_____

Denken Sie daran: Wenn Sie keine Prioritäten für Ihr Leben setzen, tut es jemand anderes.

—GREG MCKEOWN

Ja und Nein sind vielleicht die mächtigsten Wörter in Ihrem Vokabular. Sie können neue Realitäten schaffen. Meine Hoffnung ist, dass Sie sie weise einsetzen. Sagen Sie Nein zu allem, das Sie nicht wollen – und konzentrieren Sie sich auf das, was Sie wollen. Sagen Sie Ja zu einem bewussten Leben!

Mütter müssen delegieren!

Die meisten Mütter tun einfach zu viel. Wir haben keinen Achtstundentag. Unser Tag beginnt in dem Moment, in dem wir die Augen aufmachen, und endet, wenn wir sie abends wieder zu machen. Und diese Tage – die packen wir auch noch ganz schön voll, oder? Verabredungen der Kinder, Besorgungen, Waschen und Kochen, saubermachen und herumfahren. Vielleicht arbeiten Sie auch. Die durchschnittliche Hausfrau und Mutter arbeitet 96,5 Stunden in der Woche. Das stimmt! Sie können es auf salary.com nachlesen. Die Website hat sogar einen Rechner, der Ihnen vorrechnet, was Sie verdienen würden, wenn Sie diese Stunden in einer Firma arbeiten würden. Danach können Sie sich zu Hause Geschäftsführerin nennen – und nicht Mädchen für alles.

Was der Unterschied ist? Eine Geschäftsführerin delegiert. Ein Mädchen für alles macht alles selbst. Um zu einer richtigen Mama-Chefin zu werden, müssen wir delegieren.

Was stellen Sie sich vor, wenn Sie das Wort delegieren hören? Dass Sie niemanden haben, an den Sie delegieren können? Oder dass Sie keine Zeit haben, um jemandem beizubringen, was Sie tun? Oder Sie können es sich nicht leisten? Oder (geben Sie's nur zu), dass niemand Ihre Aufgaben so gut erledigt wie Sie selbst? Vielleicht denken Sie, dass man nur an Mitarbeiter oder Sekretäre delegiert – und die haben Sie natürlich nicht. Aber es gibt noch viele andere Möglichkeiten.

Ich gebe Ihnen jetzt neun Ideen für Dinge, die Sie an jemand anderen delegieren können. Natürlich werden nicht alle für Sie passen. Es kommt auf Ihre Situation an, das Alter Ihrer Kinder und darauf, was Sie beruflich machen. Aber trotzdem würde ich immer noch wetten, dass wenigsten eine Sache dabei ist, die Sie delegieren können. Und wenn Sie es wirklich tun, können Sie eine Menge Zeit sparen.

NEUN DINGE, DIE SIE DELEGIEREN KÖNNEN

1. Kochen. Es gibt einige Möglichkeiten, wie Sie sich das Kochen leichter machen können. Kaufen Sie vorgeschnittenes Obst und Gemüse, statt diesen Schritt selbst zu machen. Oder versuchen Sie die online-Einkaufsfunktion von z. B. Chefkoch.de, wo Sie sich ein Rezept heraussuchen und sich die Zutaten direkt nach Hause schicken lassen können. Statt für Ihren Kindergeburtstag zu backen, kaufen Sie einfach fertige Cupcakes. Oder organisieren Sie einen Austausch mit anderen Eltern, indem Sie jeweils mehrere Portionen eines Gerichts kochen und sie dann untereinander verteilen und tauschen. Kochen und Backen dauern einfach sehr lange. Wenn Sie gerne kochen, sollten Sie das natürlich auch weiterhin tun. Aber ich wette, es gibt mindestens einen Bereich, in dem Sie einen Teil der zeitaufwendigen Arbeit abgeben können.

2. Einkaufen. Wie lange brauchen Sie normalerweise, um Lebensmittel einzukaufen? In meinem Fall dauert ein Wocheneinkauf, die Fahrt mit eingerechnet, leicht 2 Stunden. Wenn Sie Ihre Lebensmittel online bestellen, können Sie Ihren Einkauf auf einen kurzen Marktbesuch für frische Zutaten reduzieren. Sonnenklar, oder? Dieser Tipp lohnt sich wirklich. Es gibt mehrere Anbieter, wo Sie online einkaufen und sogar bei Angeboten kräftig sparen können, z. B. allyouneedfresh. de und mytime.de. Bei alnatura-shop.de gibt es sogar günstige Bioprodukte. Meine Lebensmittel kommen direkt zu mir vor die Tür. Das war für mich wirklich eine einschneidende Veränderung!

3. Fahren. Mütter fahren ständig hin und her – wir sind echte Taxiunternehmen. Wir fahren zur Schule und zum Sport. Tun Sie sich doch mit anderen Eltern zusammen! Organisieren Sie sich mit ein paar Müttern und bilden Sie eine Fahrgruppe. So können Sie Ihr tägliches Herumfahren auf einmal wöchentlich reduzieren. Und behandeln Sie Ihre Fahrgruppe wie Ihre Dorfgemeinschaft. Wenn Sie ins Geschäft fahren, fragen Sie doch einfach mal nach, ob die Nachbarn noch etwas brauchen. Helfen Sie sich gegenseitig!

4. Putzen. Ich weiß, einige von Ihnen denken jetzt, ich schlage Ihnen einen Luxus vor, den Sie sich nicht leisten können. Das verstehe ich. Aber denken Sie auch mal an den Wert Ihrer eigenen Zeit. Wie lange brauchen Sie, um das ganze Haus sauberzumachen? Ich würde dafür den ganzen Tag brauchen. Wenn Sie an diesem Tag nicht putzen würden, könnten Sie dann etwas Besseres mit Ihrer Zeit anfangen? Zeit mit Ihrer Familie verbringen? Oder Geld verdienen? Sie könnten Ihre Wäsche waschen lassen. Eine Freundin von mir hat in den Staaten eine tolle Firma mit dem Namen *Laundry Ladies* gegründet. Sie wäscht Ihre Wäsche, faltet sie und bringt Sie Ihnen bis an die Tür. Nur Sie selbst wissen, was Sie brauchen. Aber es könnte die Anstrengung wert sein, hier und da einen Caffè Latte sausen zu lassen, damit jemand Ihnen beim Putzen helfen kann.

5. Hausarbeit. Vergessen Sie nicht, dass die Kinder auch im Haushalt mithelfen können. Schon ziemlich früh können sie altersentsprechende Aufgaben erledigen. Meine Kinder bringen den Müll raus, spülen das Geschirr und waschen ihre eigene Wäsche. Die Kinder können Ihnen helfen, das Abendessen vorzubereiten. Sie können auch ihr Pausenbrot vorbereiten. Wenn Sie Behälter mit verschiedenen Sorten Nahrungsmittel bereithalten, von denen sie sich jeweils etwas aussuchen können, fällt es ihnen leichter, ein ausgewogenes Pausenmenü zusammenzustellen. Kinder können saugen und fegen. Ja, Kinder können sogar mal ein Badezimmer sauber machen. Erstellen Sie eine Aufgabentabelle (S. 220). Ich weiß, die meisten von uns hören damit wieder auf, weil die Kinder es nicht gut genug machen oder weil wir ständig hinter ihnen her sein müssen. Haben Sie Geduld! Machen Sie die Aufgabe mehrmals mit dem Kind zusammen. Machen Sie eine Gewohnheit daraus. Jede Hilfe, die Sie bekommen können, ist Arbeit, die Sie nicht selbst erledigen müssen.

6. Freiwillige Tätigkeiten. Ich weiß noch, wie ich früher immer das Gefühl hatte, ich müsste irgendwie bei meinen Kindern in der Schule mit anpacken oder bei Ausflügen als Betreuerin mitfahren. Wenn das für Sie ein Problem ist, überlegen Sie sich einen Plan. Mein Mann und ich haben uns überlegt, dass er bei Ausflügen dabei sein kann, und ich helfe bei anderen Klassenaktivitäten. Ich helfe am liebsten bei Kunstprojekten. Oft kann man die Helferpositionen auch mit anderen Eltern teilen. Sollte die Schule das nicht von sich aus so vorsehen, schlagen Sie es doch einfach selbst vor. Dieses Jahr kümmere ich mich zusammen mit zwei anderen Eltern zusammen um die Kunstprojekte. Ich komme dazu, am Schulalltag meiner Tochter teilzunehmen, aber ich muss nur einmal im Monat wirklich etwas dafür tun.

7. Unterstützung durch die Familie. Setzen Sie sich mit Ihrem Partner zusammen und sprechen Sie über all die Dinge, die Sie täglich tun. Fragen Sie, ob es etwas gibt, bei dem Ihr Partner helfen könnte. Mein Mann wäscht zum Beispiel bei uns die Wäsche. Alles hilft. Wenn Sie nett fragen, bekommen Sie bestimmt ein Ja als Antwort. Sie können auch andere Familienmitglieder darum bitten, Ihnen ein-, zweimal in der Woche mit den Kindern zu helfen. Großeltern in der Nähe fühlen sich vielleicht sogar richtig geehrt, ein bisschen Zeit alleine mit dem Nachwuchs verbringen zu können.

8. Virtuelle Assistenten. Wenn Sie auch Unternehmerin sind, sollten Sie sich einmal Fiverr und Upwork anschauen. Diese Websites bieten virtuelle Assistenten, die alles Mögliche für Sie erledigen können, von Social Media über Podcast-Edition und Grafikdesign bis zur Buchhaltung. Es gibt eine Website mit dem Namen Fancy Hands (fancyhands. com), wo Sie einen virtuellen Assistenten bekommen können, der alles Mögliche für Sie erledigen kann, zum Beispiel Ihre Ferien planen oder Weihnachtskarten verschicken. Sollte ein Virtueller Assistent für Sie infrage kommen, empfehle ich außerdem die Lektüre des Buches „Virtual Freedom: How to work with virtual staff to buy more time, become more productive, and build your dream business" von Chris Ducker.

9. Online Shopping. Kaufen Sie online ein. Ich gehe fast gar nicht mehr ins Geschäft, weil es einfach zu lange dauert. Legen Sie sich z. B. Amazon Prime zu und lassen Sie sich alles, vom Hundefutter bis zum Makeup, einfach nach Hause liefern. Keine Zeit, auf der Suche nach einem neuen Kleid durch Einkaufszentren zu hetzen? Beispielsweise bei kleiderei.com können Sie Kleidung einfach mieten – wie Netflix für Klamotten zum Preis von 49 EUR/Monat.

Aber was Sie wirklich tun müssen, um Ihre Zeit besser zu organisieren, ist aufzuhören, die Supermama sein zu wollen. Fühlen Sie sich nicht schuldig. Fühlen Sie sich nicht unzulänglich. Wir sind keine Märtyrer. Wenn wir uns nicht ständig überfordert fühlen, werden wir auch zu besseren Müttern, Ehefrauen und Menschen.

Machen Sie sich keine Sorgen, wenn etwas nicht hundertprozentig erledigt wird, oder nicht genauso, wie Sie es machen würden. Versuchen Sie nicht, zehn Aufgaben auf einmal zu jonglieren. Ja, wir wissen, Sie können das. Aber es gibt Leute um Sie herum, die Ihnen helfen können: Ihre Familie. Wenn Sie diese Hilfe annehmen können, bekommen Sie das beste Geschenk – ein bisschen Zeit. Diese Zeit auch zu nutzen, liegt an Ihnen. Eine gute Mutter ist nicht diejenige, die am meisten erledigt bekommt. Um ein toller Familienvorstand zu sein, müssen Sie einen Gang zurückschalten und sorgsam mit Ihrer Zeit umgehen.

Ich weiß nicht, wer es gesagt hat, aber ich will es hier nochmal unterstreichen: Sie können alles Mögliche machen, aber nicht alles auf einmal.

Gegengewicht

Kennen Sie die Kampf-oder-Flucht-Reaktion? Die passte gut im Steinzeitalter, falls uns mal ein Säbelzahntiger über den Weg lief. Dann wurde Adrenalin durch den Körper gepumpt. Das Herz schlug schneller. Das Blut lief in Arme und Beine, damit wir besser weglaufen konnten. Einmal sicher in unserer Höhle angekommen, konnten wir uns ausruhen. Und das passiert auch heute noch in Stresssituationen. Das Problem ist, dass wir uns nicht mehr ausruhen. Unser ganzer Alltag ist oft stressig und chaotisch.

Wir wissen alle, dass wir diese stressigen Zeiten durch Ruhemomente ausgleichen sollten. Aber geht das überhaupt? Über das Ja und Nein und wie sie uns helfen können, mehr Gleichgewicht in unser Leben zu bringen, haben wir schon gesprochen. Nun möchte ich gerne noch eine weitere Perspektive hinzunehmen: nicht einfach nur einen Ausgleich, sondern ein Gegengewicht. Egal wie gut Sie alles planen, es wird Zeiten geben, zu denen Sie hauptsächlich Mutter sind, und Zeiten, zu denen die Arbeit oder Ihr eigenes Leben wichtiger sind. Unausgeglichene Momente können eine Zeitlang anhalten oder sich schon am nächsten Tag ändern. Es ist ziemlich leicht, aus dem Gleichgewicht zu geraten, also lassen Sie uns uns auf das Gegengewicht konzentrieren. Darauf, unser Leben mit dem zu füllen, was wir am liebsten tun.

Das Schöne daran, ein Gegengewicht aufzubauen, ist, dass wir es tun, indem wir uns auf das konzentrieren, was wir am liebsten machen. Wenn Sie eine lange Arbeitswoche hatten, gleichen Sie sie aus, indem Sie sich am Wochenende eine besonders schöne Zeit mit Ihrer Familie machen. Wenn Sie Ihr Kind den ganzen Tag über maßregeln mussten, lassen Sie es am Abend gut sein und machen Sie einen Spieleabend mit der Familie und haben einfach ein bisschen Spaß. Wenn Sie sich ständig übernehmen und nicht an das Gleichgewicht in Ihrem Leben denken, schaffen Sie nur noch mehr Stress.

Durch die Lebensradübung haben Sie herausgefunden, wo Sie aus dem Gleichgewicht sind. Achten Sie einmal auf die Momente, in denen Sie ganz klar unausgeglichen sind und schaffen Sie ein Gegengewicht. Nun sagen Sie natürlich: Aber dafür brauche ich noch mehr Zeit. Und ich stimme Ihnen zu. Sie haben gelernt, Ihre AWD zu ordnen, Dinge zurechtzustutzen, die Ihrer Zeit nicht wert sind und Aufgaben abzugeben. Lassen Sie uns nun darüber sprechen, wie Sie mehr Zeit bekommen können.

Parkinsonsches Gesetz

Kennen Sie das Parkinsonsche Gesetz? Ich wette, Sie haben es zumindest schon erlebt. Es besagt: „Arbeit dehnt sich in genau dem Maß aus, wie Zeit für ihre Erledigung zur Verfügung steht." Anders gesagt: Wir wenden mehr Zeit für Aufgaben auf, als eigentlich nötig ist.

Erinnern Sie sich noch, als Sie das ganze Semester über Zeit hatten, für eine Klausur zu lernen und es dann doch erst einen Tag vorher gemacht haben? Oder einen ganzen Monat für das Faschingskostüm Ihres Sohnes, das dann doch erst am Abend zuvor entstand?

Warum ist das wichtig? Mütter fühlen sich, als hätten sie nicht genug Zeit. Wenn ich Ihnen helfen kann, das Parkinsonsche Gesetz zu überwinden, werden Sie mehr Zeit haben. Die Lösung ist ziemlich einfach: Wenn sich die Arbeit in dem Maße ausdehnt, wie Zeit für sie zur Verfügung steht, setzen Sie sich kürzere Fristen. Im Prinzip erteilen Sie sich selbst künstliche Zeitlimits und schauen, was dann passiert. Hier sind drei Möglichkeiten dafür.

WIE SIE DAS PARKINSONSCHE GESETZ ÜBERWINDEN

1. Denken Sie an eine Aufgabe, zum Beispiel Wäschewaschen, und geben Sie sich nur halb so viel Zeit. Wenn Sie also normalerweise eine halbe Stunde brauchen, nehmen Sie sich vor, es in fünfzehn Minuten zu schaffen. Ich denke, das Ergebnis wird Sie überraschen.

2. Setzen Sie sich zeitliche Grenzen für zeitraubende Dinge wie Facebook oder E-Mail. Stellen Sie sich einen Wecker!

3. Wenn Sie etwas haben, das Sie ungerne erledigen, tun Sie es zuerst. Sie werden so froh sein, es hinter sich zu haben, dass der Rest des Tages Ihnen wie ein Spaziergang vorkommen wird.

Wenn Sie die richtigen Zeiteinschränkungen für sich selbst schaffen, bekommen Sie mehr Freiheit. Nun müssen Sie darauf achten, Ihre Zeit nicht einfach mit unnötigen Arbeiten vollzustopfen. Überlegen Sie sich gut, was Sie mit diesem Überschuss an Zeit anfangen wollen – Sport treiben, meditieren, in die Natur gehen oder was auch immer zu Ihren AWD passt – denn jetzt haben Sie ja die Zeit dazu!

Unsere Zeit ist endlich. Füllen Sie Ihre Stunden nicht einfach nur aus. Füllen Sie sie mit Dingen, die Sie lieben, und nehmen Sie sich Zeit, um Ihre Batterien aufzuladen. Wenn Sie das tun, kann ich Ihnen versichern, dass Sie ein bisschen mehr von dem Gleichgewicht bekommen werden, das wir alle suchen.

Lifehacks für Mamas: Wie Sie jeden Tag zehn Minuten Zeit sparen können

Wie wäre es, wenn Sie jedes Jahr sechzig Extra-Stunden hätten, in denen Sie alles machen könnten, wozu Sie Lust haben? Diese Möglichkeit treibt Ihnen fast die Tränen in die Augen, oder? Na, dann nehmen Sie schon mal die Taschentücher heraus, denn es ist tatsächlich möglich! Wenn Sie nur jeden Tag zehn Minuten Zeit sparen. Ich habe eine Liste erstellt, die Ihnen dabei helfen wird.

10 WEGE, UM 10 MINUTEN ZU SPAREN

1. Erstellen Sie eine tägliche Liste für Ihre Kinder. Sogar bevor meine Kids überhaupt lesen konnten, hatte ich schon eine Checkliste mit Bildern, damit sie wussten, was sie für die Schule vorbereiten oder zum Sport mitnehmen mussten. Beispiele sind: Schuhe anziehen, Rucksack, Hausaufgaben, Pausenbrot. Laminieren Sie die Liste und haken Sie sie jeden Tag ab.

2. Waschen und schneiden Sie all Ihre Lebensmittel einmal in der Woche. Nutzen Sie eine spezielle Frucht- und Gemüseseife, denn so halten sie sich länger. So essen Sie nicht nur gesünder, sondern sparen auch Zeit, da Sie nicht mehrmals in der Woche alles auspacken, schneiden, einpacken und wieder wegräumen müssen.

3. Verteilen Sie Körbe mit den Dingen, die Sie ständig nutzen, im Haus. Für Mütter mit kleinen Babys könnten das Feuchttücher und Windeln sein. Und wir alle brauchen wahrscheinlich Stifte, Haargummis, Lesebrillen, kleine Notizzettel und Post-its.

4. Neu gegen alt. Wenn Ihr Kind ein neues Spielzeug oder Kleidungsstück bekommt, suchen Sie mit ihm zusammen ein altes aus, das es an jemanden verschenken kann. So bringen Sie Ihrem Kind nicht nur das Teilen bei, sondern retten Ihr Haus auch davor, zugemüllt zu werden. Und als Bonus sparen Sie auch noch Zeit beim Aufräumen!

5. Machen Sie selbst Sport, wenn auch Ihre Kinder ihrem Hobby nachgehen. Ich verstehe ja, dass Sie Ihrem Kind gerne zusehen möchten. Aber ehrlich gesagt sehe ich mehr Mütter, die die ganze Zeit auf ihr Handy schauen statt auf ihr Kind. Das ist ein super Zeitraum, in dem Sie etwas für sich selbst tun können.

6. Bringen Sie Ihren Kindern bei, zehn Minuten eher fertig zu sein als eigentlich nötig. Kein Fernsehen, keine Videospiele und kein Bummeln bis sie nicht 100 % fertig sind. Das ist auch eine tolle Lektion für ihr späteres Leben, da sie so lernen, nicht zu spät zu kommen.

7. Kaufen Sie Ihren Kindern ein Großpaket derselben Socken. So müssen sie nie nach der passenden Socke suchen – sie passen alle zusammen.

8. Heben Sie die Zutaten für das Lunchpaket in verschiedenen Dosen auf, sodass Ihre Kinder sich ihr eigenes Schulessen vorbereiten können. Zum Beispiel Müsliriegel in einer Box, Obst in einer anderen. Bringen Sie den Kindern bei, wie viele Teile sie sich aus jeder Box herausnehmen dürfen. Sie können früher damit anfangen, ihren eigenen Pausensnack zusammenzustellen, als Sie vielleicht denken!

9. Teilen Sie einen digitalen Kalender mit Ihrem Partner oder anderen Personen, die Ihnen mit den Kindern helfen – fügen Sie auch Ihre Kinder hinzu, wenn sie alt genug sind. Wenn Sie dort alle Sportaktivitäten, Verabredungen, Geburtstagsfeiern und andere Termine eintragen, weiß jeder sofort, wer verfügbar ist, was demnächst ansteht und wie die Kinder dorthin kommen.

10. Stocken Sie auf. Verdoppeln Sie mindestens einmal in der Woche das Essen, das Sie kochen und frieren Sie die Extraportionen ein. So bauen Sie sich einen Vorrat für besonders geschäftige Tage auf.

Wissen Sie noch, was ich vorher darüber gesagt habe, dass wir alle dieselben 24 Stunden am Tag zur Verfügung haben? Und dass der Unterschied im Erleben dieser Zeitspanne in Ihren Entscheidungen liegt?

Um Ihnen bei diesen Entscheidungen zu helfen, habe ich ein paar Tipps zusammengestellt, die mir dabei geholfen haben, das Beste aus meiner Zeit zu machen.

Neun praktische Möglichkeiten, wie Sie das Beste aus Ihrer wertvollen Zeit machen können

1. Zeitbudget erstellen. Viele von uns erstellen einen Budgetplan für die finanziellen Angelegenheiten. Was halten Sie von einem Zeitbudget? Vielleicht wäre das sogar noch wichtiger als ein Finanzbudget.

Michael Hyatt nennt das Zeitbudget seine „ideale Woche", und das Konzept war eine echte Bereicherung für mich (siehe Seite 220). Im Alltag reagieren die meisten von uns nur und erledigen entweder das, was dringend erledigt werden muss, oder das, was wir gerade vor der Nase haben. Und diese „Methode" wenden wir dann jeden Tag an. Kein Wunder also, dass wir ständig müde und überfordert sind!

Planen Sie Ihre Tage um Dinge herum, die für Sie und Ihre Familie wirklich wichtig sind. Darum geht es hauptsächlich bei Michael

Hyatts idealer Woche: Teilen Sie sich Ihre Zeit nach Themenbereichen ein.

+ Suchen Sie sich das für Sie passende Werkzeug aus. Eine Tabelle oder ein digitaler Kalender sind am besten.
+ Erstellen Sie Themenbereiche.
+ Planen Sie Ihre Woche um die Themenbereiche herum.

Ich plane an manchen Tagen zum Beispiel Meetings und an anderen schreibe ich oder arbeite an einem meiner Projekte. Sie könnten Ihren Tag auch um Ihre AWD herum organisieren. Blockierern Sie einen Zeitabschnitt für Sport, Meditation oder Gebet. Halten Sie auch Zeiträume für Ihre Familie oder die Arbeit frei.

> Wenn ich acht Stunden Zeit hätte, um einen Baum zu fällen, würde ich sechs Stunden die Axt schleifen.
>
> —ABRAHAM LINCOLN

Machen Sie einen Plan und lassen Sie sich davon leiten.

2. Schaffen Sie Freiräume. Dieser Punkt ist besonders wichtig. Die meisten von uns packen ihre Tage komplett voll, bis jede Minute so verplant ist, dass wir kaum noch atmen können. Mit ein Grund dafür, dass wir immer so überfordert sind.

Das Gegenmittel hierfür ist es also, so zu planen, dass noch ein bisschen Platz in Ihrem Kalender ist. Wenigstens zur Toilette werden Sie ja doch mal müssen, oder? Planen Sie mit ein, was Ihnen jetzt vielleicht noch wie „zusätzliche" Zeit vorkommt, falls etwas nicht nach Plan läuft – denn das passiert ja doch ständig, nicht wahr? Planen Sie ein wenig Zeit für „nichts" ein. Nein, im Ernst ... lassen Sie einen kleinen (oder größeren) Zeitraum frei, und markieren Sie ihn mit „nichts". Wenn Sie geplante Pausen für sich selbst freilassen, lässt das auch Ihren Geist wieder aufatmen. Wäre es nicht toll, nicht die ganze Zeit gehetzt zu werden, den Stress des ständigen Ausgebuchtseins und Umherrennens einfach loszulassen? Tun Sie es. Fangen Sie jetzt an.

3. Sagen Sie Nein. Darüber haben wir schon gesprochen, aber ich wollte Sie noch einmal daran erinnern, dass jedes Mal, wenn Sie zu etwas Ja sagen, Sie eigentlich Nein zu etwas anderem sagen. Ihr Tag ist schon komplett ausgefüllt. Wenn Sie also etwas Neues hinzufügen, müssen Sie eigentlich etwas streichen, das Sie normalerweise tun, richtig? Leider handeln wir nicht so. Wir geben uns der Illusion hin, dass wir es schon irgendwie schaffen werden. Aber wir müssen wirklich aufhören, so zu denken. Wozu können – und wollen – Sie Nein sagen? Was tun Sie, das nichts mit Ihren AWD zu tun hat? Was könnte jemand anderes erledigen? Sagen Sie Ja zu Dingen, die wirklich wichtig für Sie sind, und sagen Sie Nein zu allem anderen.

4. Erledigen Sie nur eine Aufgabe auf einmal. Wir haben alle dieselben 168 Stunden in der Woche, aber wir müssen alle für uns persönlich entscheiden, wie wir sie nutzen wollen. Die meisten von uns denken, wir können einfach „multitasken" und ein paar Sachen auf einmal erledigen, aber das ist eigentlich gar nicht effektiv. Es gibt kein gutes Multitasking. Unser Gehirn kann sich nun mal nur auf jeweils ein Ding konzentrieren. Wenn wir „multitasken", springen wir in Wirklichkeit nur ganz schnell von einer Aufgabe zur anderen. Es ist schon richtig, wir Mütter können das. Aber zu welchem Preis? Keine der Aufgaben erhält unsere volle Aufmerksamkeit, und unser Gehirn ermüdet von dem ständigen schnellen Wechsel. Im schlimmsten Fall ist das sogar lebensbedrohlich (wenn Sie zum Beispiel beim Autofahren eine Textnachricht schreiben).

Suchen Sie sich deshalb immer nur ein Ding heraus, an dem Sie jeweils arbeiten wollen. Während ich diese Liste zusammenstelle, schließe ich zum Beispiel mein E-Mail-Postfach, Facebook und Skype. Ich habe alle Ablenkungen ausgeblendet, damit ich mich konzentrieren kann. Denken Sie daran, Piloten und Chirurgen „multitasken" bei ihrer Arbeit auch nicht – und Sie sollten es auch nicht tun!

5. Bündeln Sie Ihre Aufgaben. Jedes Mal, wenn Sie Ihr Handy in die Hand nehmen, um schnell mal bei Facebook reinzuschauen, eine Textnachricht oder E-Mail zu schreiben, während Sie eigentlich mit etwas anderem beschäftigt sind, bedeutet das Stress für Ihr Gehirn. Versuchen Sie stattdessen einmal, ähnliche Aufgaben direkt hintereinander an einem bestimmten Zeitpunkt am Tag zu erledigen.

- E-Mail
- Social Media
- Telefonanrufe
- Post
- Zeit mit der Familie verbringen
- Kochen

Auch wenn echtes Multitasking nicht existiert, ist es trotzdem keine schlechte Idee, Aufgaben, bei denen Sie sich kaum konzentrieren müssen, gleichzeitig zu erledigen. Sie können zum Beispiel einen Podcast anhören, während Sie Wäsche falten oder die Spülmaschine ausräumen, da diese körperlichen Arbeiten Ihnen so vertraut sind. Aber wenn Sie versuchen, E-Mails zu checken, während Sie Zeit mit Ihrer Tochter verbringen, werden Sie bei keinem dieser beiden Dinge richtig bei der Sache sein. Und es ist sogar ziemlich wahrscheinlich, dass sowohl Ihre Tochter als auch der Empfänger Ihrer E-Mail das bemerken.

6. Erstellen Sie eine einzige Liste. Dieses Prinzip habe ich in David Allens Programm „Wie ich die Dinge geregelt kriege" kennengelernt. Die meisten von uns haben 3.000 Listen auf Post-its, Schreibblöcken, Papierfetzen, Apps und Computerprogrammen. Zu einem gegebenen Zeitpunkt kommen sie vielleicht ganz gelegen, aber danach werden sie schnell unübersichtlich und wir verlieren noch mehr Zeit bei dem Versuch, aus ihnen schlau zu werden. Die Lösung? Suchen Sie sich ein einziges Werkzeug für Ihre Hauptliste aus.

Ich mag Papier und Stift wirklich, aber heutzutage finde ich, ist die schlauste Lösung eine virtuelle Liste, auf die Sie von Ihrem Computer und Ihrem Handy aus zugreifen können. Es gibt so viele tolle Apps, dass es eigentlich egal ist, welche Sie nehmen. Entscheiden Sie sich nur für eine. (Meine Vorschläge finden Sie auf Seite 220.) Schreiben Sie alles nur in diesem einen Werkzeug auf: vom Besuch in der Reinigung bis zur Kita-Anmeldung und Pausen nur für SIE.

David Allen schlägt vor, dass Sie die Liste in Themenbereiche einteilen. Zum Beispiel Computeraufgaben in einer Gruppe, Haushaltsaufgaben in einer anderen und Erledigungen außer Haus in einer dritten Gruppe. So werden Sie nicht davon abgelenkt, wenn Sie vor dem Computer sitzen und dann die Aufgabe „Kleider aus der Reinigung abholen" auf Ihrem Bildschirm auftaucht.

7. Denken Sie nach und planen Sie voraus. Planen Sie einen Ihrer letzten Zeitblöcke jeden Tag zum Nachdenken und zur Planung des nächsten Tages ein. Wie ist Ihr Tag gelaufen? Was konnten Sie erledigen? Was hat nicht geklappt? Was möchten Sie morgen gerne erledigen? Schreiben Sie sich Ihre AWD für den nächsten Tag auf und legen Sie sie gut sichtbar irgendwohin, damit Sie am nächsten Tag sofort glasklar und bereit sind. Da wir gerade von glasklar sprechen: Nutzen Sie diesen Moment auch, um Ihren Schreibtisch ein wenig aufzuräumen.

8. Stellen Sie sich einen Wecker. Erinnern Sie sich noch an das Parkinsonsche Gesetz? Die Zeit, die Ihnen zur Verfügung steht, werden Sie auch nutzen. Setzen Sie sich also realistische aber nicht zu großzügige Zeitlimits, um Ihre Projekte abzuschließen.

9. Tracken Sie alles für Sie Wichtige. Ich glaube daran, dass alles, was gemessen wird, auch erledigt wird – oder zumindest verbessert. Die meisten Leute sind sehr ungenau, wenn man sie fragt, was sie wollen. Und noch ungenauer, wenn sie beschreiben sollen, wie sie das schaffen wollen. Ich habe mir angewöhnt, alles, in dem ich vorankommen will, aufzuzeichnen und auszuwerten. Seit Jahren habe ich jetzt schon kleine Tagebücher mit Rechenkästchen, in denen ich verschiedene Gesundheits- und Fitnessziele aufschreibe und nachverfolge. Jeden Tag schreibe ich dort zum Beispiel auf, wie viele Push-ups ich geschafft habe oder wie viele Gläser Wasser ich getrunken habe. Ich zeichne auch Informationen über meinen Gemütszustand oder meine Periode auf. Was letztere angeht, möchte ich nichts verbessern. Ich versuche nur darauf zu achten, wie mein Zyklus meine Stimmung und meine Essgewohnheiten beeinflusst.

Was ich dabei aufzeichne hängt von meinem Lebensabschnitt und meinen aktuellen Top-Prioritäten ab. Sie können Dinge hinzufügen oder weglassen, wenn sich Ihre Situation ändert. Vielleicht möchten Sie Ihre Essgewohnheiten aufzeichnen oder wie oft Sie Ja und Nein zu etwas sagen. Es können auch kleinere Schritte sein, die Sie zu einem bestimmten Ziel führen sollen. Momentan zeichne ich auf, ob ich es jeden Tag schaffe, elf Minuten zu schreiben, um dieses Buch fertig zu bekommen. Sie haben richtig gelesen, ich schreibe ein Buch in nur elf Minuten am Tag. Was können Sie mit elf Minuten am Tag über einen längeren Zeitraum hinweg schaffen?

Monatsaufgabe

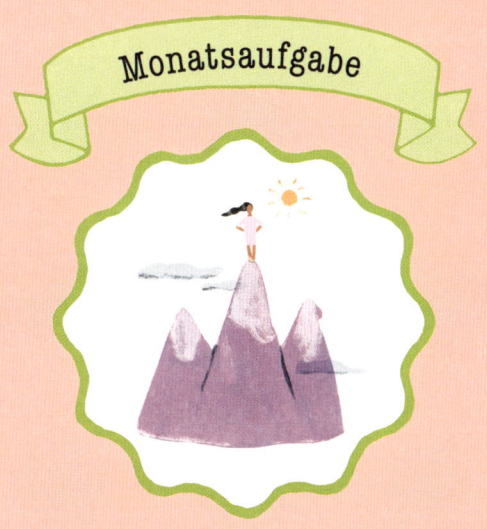

März:

Erledigen Sie jeden Tag Ihre AWD (allerwichtigsten Dinge) vor allem anderen.

Streben Sie nicht weiter nach Perfektion. Streben Sie danach, besser zu werden als gestern.

Gehen Sie nicht einfach nur durch dieses Jahr hindurch. Wachsen Sie durch es!

Kapitel 4

Ändern Sie Ihre Gewohnheiten

Wir haben darüber gesprochen, wie wir aufmerksamer und gezielter mit unserer Zeit umgehen, indem wir clevere Entscheidungen treffen. Aber was, wenn ich Ihnen sagen würde, dass es auch Möglichkeiten gibt, Zeit und Energie zu sparen, *ohne auch nur darüber nachzudenken*? Dieses magische Werkzeug nennt man cinc **Gewohnheit** – eine Handlung oder Routine, die Ihnen so vertraut wird, dass Sie sie einfach automatisch tun. In diesem Kapitel helfe ich Ihnen, kraftvolle, positive neue Gewohnheiten für sich zu schaffen.

Schaffen Sie positive Veränderungen

In Kapitel 2 haben Sie sich spezifische Ziele gesetzt, die Sie in bestimmten Bereichen Ihres Lebens erreichen wollen. Nun zeige ich Ihnen den praktischen Weg, diese Ziele auch umzusetzen: Schaffen Sie Gewohnheiten. Ich packe jetzt nicht meinen kompletten Masterstudiengang in Psychologie aus, aber ich werde kurz ansprechen, auf welche Weise Ihre Gedanken und Ihr Verhalten miteinander zu tun haben und wie wir dies zu unserem Vorteil nutzen können.

Kennen Sie den Spruch: „Greifen Sie nach den Sternen oder fangen Sie gar nicht erst an". Was vermittelt Ihnen das? Wenn Sie sowieso schon überfordert sind (und das sind wir Mütter oft), denken Sie wahrscheinlich: „Na, dann lasse ich es halt". Denn um nach den Sternen zu greifen haben Sie sowieso keine Zeit. Aber ich habe gute Nachrichten für Sie: Es gibt noch andere Wege, um Ihre Träume zu verfolgen.

Der Kaizen-Ansatz

Kaizen ist ein japanisches Wort und besteht aus den Wörtern *kai* (Veränderung) und *zen* (gut). Zusammen bedeuten sie „Veränderung zum Guten". Eine Hauptidee von Kaizen ist, dass sich große Ergebnisse aus mehreren kleinen Veränderungen ergeben, die sich über die Zeit summieren. Stellen Sie sich einen Ozean vor. Wir stellen ihn uns als ein gigantisches Ganzes vor, aber eigentlich besteht er aus Abermillionen kleiner Wassertropfen. Egal was Ihr großes Ganzes ist: Wir können es uns als Zusammenspiel vieler winziger Teile vorstellen. (Weitere Informationen können Sie auf kaizen.com nachlesen.)

Den Kaizen-Ansatz können Sie nutzen, um gesunde und hilfreiche Gewohnheiten in allen Bereichen Ihres Lebens zu schaffen – als Mutter, im Beruf, beim Lernen oder beim Sport.

Übung: Kaizen

Schauen Sie sich Ihr Traumleben aus Kapitel 2 noch einmal an.

Was würden Sie gerne erreichen?

_____

_____

Was wäre Ihr erster Schritt, um dorthin zu kommen?

_____

_____

Welcher kleine Schritt würde darauf folgen?

_____

_____

So werden große Träume wahr. Kleine Schritte. Einen nach dem anderen. Schreiten Sie voran und kommen Sie näher an Ihr Ziel. Erscheinen Ihnen einige der Schritte zu gewagt? Vielleicht müssen Sie sie noch weiter unterteilen und kleiner werden lassen. Sie müssen nicht jeden einzelnen Schritt schon im Voraus kennen. Machen Sie einfach den nächsten. Und dann am nächsten Tag wieder den nächsten.

Meine Lieben, so lebe ich mein ganzes Leben. Das Konzept der Mini-Schritte gefällt mir schon seit Langem. Als Kind fühlte ich mich schnell überfordert. Ich war in nichts ein Naturtalent: Sport, Freunde – egal was. Ich glaubte nie, dass ich etwas wirklich gut machen könnte und hörte auf, es weiter zu versuchen. Später im Leben merkte ich, dass mein Ansatz ganz falsch war, und ich fing an, meine Aufgaben in die kleinstmöglichen Einheiten aufzuteilen. Als ich mich für meinen ersten Marathonlauf entschied, erschien mir die Distanz von 42 km unüberwindbar. Ich setzte mich mit einem Blatt Papier und einem Taschenrechner hin und machte einen Trainingsplan in kleinen Schritten. Es funktionierte!

Diese kleinen Schritte haben mich bisher an jedes große Ziel gebracht, das ich mir vorgenommen hatte – sogar dieses Buch! Sie werden merken, dass Sie bei den meisten Dingen ausdauernder werden und sich größere Schritte zutrauen, je näher Sie Ihrem Ziel kommen.

Schaffen Sie neue Gewohnheiten

Wenn wir über zunehmende Schritte und den Kaizen-Ansatz sprechen, meinen wir eigentlich neue Gewohnheiten. Ein tolles Beispiel hierfür stammt von B. J. Fogg (bjfogg.com), einem Forscher an der Stanford Universität, der Gewohnheitsbildung untersucht hat, indem er Probanden dazu bringen wollte, Zahnseide zu benutzen. Er wies die Leute an, nach dem Zähneputzen Zahnseide an einem Zahn zu verwenden. Dieser Schritt erschien ihnen so klein und machbar, dass sie dieser kleinen Aufgabe zustimmten. Nach kurzer Zeit hatten sie sich alle daran gewöhnt, Zahnseide an einem Zahn zu nutzen und daraus wurden schnell zwei Zähne, dann drei und am Ende benutzten Sie Zahnseide für den ganzen Mund. Fogg schlägt vor, kleine Minischritte zu machen. Wenn Sie beispielsweise zwanzig Minuten am Tag meditieren wollen, fangen Sie mit einer Minute an. Meditieren Sie zwei Minuten in der nächsten Woche. Und so weiter.

Wenn ich keine Lust auf Sport habe, überwinde ich mich dazu, mich nur zehn Minuten zu bewegen. Wenn ich erst einmal dabei bin, ändert sich meine Einstellung und ich mache doch mehr.

Wenn wir uns selbst Aufgaben vornehme, die uns fast lächerlich klein vorkommen, werden wir sie immer bewältigen können. Jeder kleine Erfolg motiviert uns weiterzumachen. Und bevor wir es überhaupt merken, haben wir noch eine Aufgabe hinzugenommen und haben auch dabei Erfolg. Und diese kleinen Erfolge werden zusammen zu etwas viel Größerem als Sie sich vielleicht vorstellen.

Forscher glauben, dass dieser Ansatz funktioniert, weil wir Schwierigkeiten haben, neue Gewohnheiten den bereits bestehenden hinzuzufügen. Unser Gehirn scheint sich dagegen zu wehren, überhaupt erst anzufangen. Je langweiliger, frustrierender oder schwieriger die Aufgabe erscheint, desto länger schieben wir sie vor uns her. Psychologen haben herausgefunden, dass es wahrscheinlicher ist, dass Sie mit einer Aufgabe anfangen, wenn Sie sie in kleinere Teile zerlegen, damit sie nicht so negativ wirkt.

Fangen Sie also einfach an. Wir Menschen haben nämlich den Instinkt, Aufgaben zu beenden, wenn sie erstmal begonnen sind. Ich schätze, es ist wahr, was man öfter mal hört: Der erste Schritt ist wirklich am schwierigsten. Wenn Ihre Kinder ihre Hausaufgaben nicht machen wollen (ich spreche aus Erfahrung), setzen Sie sie einfach hin und lassen Sie sie anfangen. Wenn sie einmal dabei sind, ist es nicht mehr so schwierig.

Wenn Sie versuchen, besser zu essen, fitter zu werden oder Ihren Kindern helfen wollen, etwas zu verändern, denken Sie an den Kaizen-Ansatz. Beim Essen zum Beispiel: Tauschen Sie einen ungesunden Snack am Tag durch einen gesünderen aus. Machen Sie dann nach und nach auch Änderungen bei den Mahlzeiten. Bei Fitnessübungen suchen Sie sich eine aus, die Sie täglich machen wollen. Wenn Sie Ihren Kindern helfen wollen, etwas zu verändern, helfen Sie Ihnen dabei, eine einzige kleine Sache auszusuchen, die ihnen helfen wird, ihr Ziel zu erreichen. Nehmen Sie dann nach und nach Neues hinzu. Minischritte summieren sich.

Zinseszins

Wenn Ihnen dieses Konzept kleiner Schritte, die über einen längeren Zeitraum hinweg einen signifikanten Effekt bekommen, gefallen hat, dann sollten Sie *Der kleine Vorsprung* von Jeff Olson lesen. Die Grundidee ist, dass Sie ständig winzig kleine, scheinbar unwichtige Entscheidungen treffen, die Ihr Leben entweder besser oder schlechter machen. Stillstand existiert nicht; der Weg der kleinen Entscheidungen – der kleine Vorsprung – arbeitet entweder für Sie oder gegen Sie.

Nehmen Sie zum Beispiel den Zinseszins. Olson bringt ein Beispiel, bei dem Sie sich aussuchen können, entweder eine Million Dollar jetzt sofort zu bekommen oder einen Cent jeden Tag, der während eines Monats täglich verdoppelt wird. Was würden Sie nehmen? Falls Sie das Beispiel noch nicht kennen, nehmen Sie wahrscheinlich die Million. Das scheint auf den ersten Blick sinnvoll, aber Sie würden sich trotzdem falsch entscheiden. Ein Cent, der einen Monat lang jeden Tag verdoppelt wird führt am Ende zu 10.737.418 $ ... und 24 Cents. Es ist schwer zu glauben, aber ich habe nachgerechnet und es stimmt! Vergleichen Sie das mit den 1.000.000 $ und Sie sehen, dass der Zinseszins sich bezahlt macht.

Wo könnte es Zinseszinsen in Ihrem Leben geben? Wiegen Sie mehr als gesund ist? Es war nicht nur eine gigantische Mahlzeit, die Sie übergewichtig gemacht hat. Fühlen Sie sich körperlich nicht fit? Sie sind nicht durch einen verpassten Tag im Fitnessstudio aus der Form gekommen. Es sind die Ergebnisse kleiner Entscheidungen, die wir jeden Tag treffen und die zu gesundheitlichen Problemen führen.

Die gute Nachricht ist, dass der Weg in den Schlamassel (die kleinen Entscheidungen) auch der Weg wieder heraus ist. Diese kleinen Entscheidungen können auch in sehr kraftvoller Art und Weise für Sie arbeiten. Versuchen Sie nicht länger, eine dramatische Veränderung zu bewirken. Machen Sie es einfach ein kleines bisschen besser als gestern. Jedes Mal, wenn Sie sich entscheiden müssen, denken Sie nach, wie Sie die Entscheidung um einen Grad verbessern können. Nur einen.

Der Schlüssel dazu ist es, einen Plan zu machen und am Ball zu bleiben. Entscheiden Sie, welchen kleinen Schritt Sie jeden Tag machen wollen, wo Sie sich anders entscheiden werden und planen Sie dann, wie Sie das Ganze in die Tat umsetzen. Sie müssen nicht perfekt sein, um in Gang zu kommen. Wenn Sie sich auf Ihr Ziel konzentrieren und positiv bleiben, funktioniert Ihr Gehirn besser und es fällt Ihnen leichter, die Veränderungen zu erreichen. Sie. Schaffen. Das!

Unterbrechen Sie die Erfolgskette nicht

Eine Möglichkeit zur Selbstmotivation ist eine Erfolgskette. Diese werden Sie nicht unterbrechen wollen. Der amerikanische Komiker Jerry Seinfeld wurde einmal gefragt, woher er seine vielen Witze hat. Er antwortete, dass er sich dazu verpflichtet habe, jeden Tag Witze zu schreiben. Er markierte im Kalender mit einem roten X jeden Tag, an dem er schrieb. Wenn Sie sich einmal dafür entschieden haben, an etwas zu arbeiten, verpflichten Sie sich dazu, genauso wie Jerry.

Passen Sie jedoch auf und nehmen Sie sich nicht zu viel auf einmal vor, sonst geben Sie wahrscheinlich schnell wieder auf. Nehmen Sie sich nur eine einzige, wirklich wichtige Sache vor und arbeiten Sie ein wenig daran, und zwar jeden Tag in ganz kleinen Schritten. Während ich zum Beispiel an diesem Buch schrieb, war mein Ziel, jeden Tag elf Minuten zu schaffen. Ich habe zwar auch des Öfteren Tage verpasst, aber je mehr Tage hintereinander ich wirklich an dem Buch arbeitete, desto mehr kam ich in Fahrt. Das Ergebnis meiner täglichen elf Minuten halten Sie nun in Händen – kleine Schritte summieren sich!

Wenn Sie also eine Weltreise machen wollen, verbringen Sie jeden Tag zehn Minuten damit, herauszufinden, was Ihr nächster Schritt ist. Wenn Sie eine bessere Ehe wollen, stecken Sie jeden Tag fünf Minuten in Ihr Liebesleben. Egal wie groß oder klein ihr Ziel ist, die erfolgreichsten Menschen sind die, die ausdauernd bei der Sache bleiben!

Können Sie bei allem am Ball bleiben, sei es Ernährung, Fitness, Job oder Erziehung? Sie können schon. Aber ich würde es nicht empfehlen. In meinem Unternehmen verfolgen wir sogenannte Leistungskennzahlen. Denken Sie an das Armaturenbrett in Ihrem Auto. Es misst vielleicht vier Hauptindikatoren (Tankfüllung, Öl, Temperatur, Geschwindigkeit). Ich habe von Autos wirklich keine Ahnung, aber ich nehme einfach mal an, dass es noch zwanzig andere Dinge messen könnte. Aber das wäre einfach zu viel. Daher bekommen wir nur die allerwichtigsten Informationen.

Was sind die Leistungskennzahlen für Ihr glückliches und gesundes Leben? Ich messe und überprüfe wirklich leidenschaftlich gerne. Meine Leistungskennzahlen ändern sich je nach Lebensabschnitt. Konzentrieren Sie sich auf das wirklich Wichtige und unterbrechen Sie dann nicht die Kette!

Lebensabschnitte

Etwas anderes, das Sie ebenfalls beachten sollten, ist, dass alles seine Zeit hat. Es gibt bestimmte Phasen für alles – und Gewohnheiten, die Ihnen gerade gelegen kommen, sind vielleicht im nächsten Lebensabschnitt nicht mehr hilfreich. Denken Sie nur an die Jahreszeiten in der Natur. Wenn Sie das Gefühl haben, Sie bräuchten verschiedene Gewohnheiten für die verschiedenen Jahreszeiten Ihres Lebens, folgen Sie ihm. Behalten Sie keine Gewohnheiten bei, die Ihnen nicht mehr nützlich sind!

Übung: Positive Veränderung

Gehen wir an die Arbeit, solange das Thema noch frisch ist.

Was ist eine Gewohnheit, die Sie haben und mit der Sie nicht zufrieden sind?

_____

_____

_____

_____

Was ist eine neue, positive Gewohnheit, durch die Sie die alte, die Sie oben erwähnt haben, ersetzen könnten?

_____

_____

_____

_____

Was sind die ersten drei Minischritte, die Sie unternehmen werden, um eine neue Gewohnheit zu schaffen und die alte loszuwerden?

1. _____
2. _____
3. _____

Hinweis: Wenn Ihre neue Gewohnheit etwas mit Sport zu tun hat, schauen Sie sich einmal den Link zur Workout-Vorlage auf Seite 158 an.

Gute Gewohnheiten maximieren – ein Morgenritual für Mama

Eine Möglichkeit, die Vorteile guter Gewohnheiten zu nutzen, ist es, sie in einer Routine zusammenzufassen. Etwas, das Sie jeden Tag tun und das Ihren Tag richtig in Fahrt bringt ohne Ihnen die Energie auszusaugen. Zum Beispiel am Morgen. Der Morgen kann ganz schön hart sein, besonders, wenn Sie Schulkinder zuhause haben. Da sind die Machtkämpfe ums Aufstehen und

Anziehen. Da wäre das Chaos beim Frühstück und beim Zubereiten der Pausensnacks. Und es ist nie genug Zeit da, bevor Sie aus der Tür rennen. Kein sanfter Start in den Tag. Ach je... Ich zucke heute noch bei dem Gedanken an die stressigen Morgen meiner Vergangenheit zusammen. Es gibt einen Clip im Internet, bei dem die Mutter wie Mary Poppins aufsteht und zu dem Zeitpunkt, an dem sie die Kinder losschickt, zu Darth Vader geworden ist. So fühlte ich mich auch. Ich war nicht zufrieden damit, so meinen Tag zu beginnen und mir war schnell klar, dass sich etwas ändern musste.

In diesem Fall ist es Ihre Morgenroutine. Bitte, bitte, bitte überdenken Sie Ihre Tage und organisieren Sie Ihren Morgen. Es muss keine lange, elaborierte Routine sein, aber sie sollte eine Bedeutung für Sie haben, einem Zweck dienen und Sie müssen konsistent dabeibleiben (Da ist das schon wieder dieses Wort).

Mütter fühlen sich oft, als hätten sie keine Kontrolle über ihren Tag und nie Zeit für sich selbst. Wenn Sie sich zu einer gesunden Morgenroutine verpflichten, kann Ihnen dies die Kontrolle zurückgeben und ein Stück weit helfen, ein ausgeglicheneres Leben zu bekommen. Eine Morgenroutine setzt den Ton für den Rest des Tages, motiviert Sie und gibt Ihnen die Energie, die Sie später brauchen werden. Wenn Sie mit einer gesunden Morgenroutine anfangen, ist es außerdem wahrscheinlicher, dass Sie auch tagsüber gesündere Entscheidungen treffen werden. Erinnern Sie sich noch an den Zinseszins, über den wir gesprochen haben? Mit einer guten Morgenroutine fangen Sie sofort nach dem Aufstehen an, diese kleinen, richtigen Entscheidungen zu treffen. Und wenn es wirklich zu einer Routine wird, müssen Sie kaum noch über diese Entscheidungen nachdenken, da Sie sie vollständig verinnerlicht haben.

Es ist kein Zufall, dass viele erfolgreiche Menschen diesen Erfolg ihrer Morgenroutine zuschreiben. Jane Austen, Marilyn Monroe und Audrey Hepburn schworen allesamt auf ihre Morgenroutine. Auch moderne Mütter wie Kim Kardashian, Jennifer Lopez und Gwyneth Paltrow – um nur mal ein paar zu nennen – haben öffentlich darüber gesprochen, wie ihre Morgenrituale ihnen durch den Tag helfen. Oprah Winfrey schwört auf morgendliche Meditation. Arianna Huffington beginnt jeden Tag mit Yoga. Und Sie können auch ein morgendliches Ritual haben, das Ihnen hilft, erfolgreicher zu sein.

5 Tipps für Ihre morgendliche Mama-Routine

Ich weiß, vielleicht fragen Sie sich jetzt, wie Sie denn noch etwas Zusätzliches in Ihrem Tagesplan unterbekommen sollen. Denken Sie daran, sich die Routine als die guten Gewohnheiten vorzustellen, die Sie über den Tag verteilt ausführen möchten. Nehmen Sie sich diese Zeit, es wird Ihnen guttun. Vertrauen Sie mir, dies ist ein Geschenk für Sie! Sie werden anfangen, sich auf den Morgen zu freuen, wenn er zu einer besonderen Zeit für Sie selbst wird. Wenn Sie Babys oder Kleinkinder zuhause haben, ist eine Morgenroutine für Sie vielleicht noch nicht möglich. Sie haben wahrscheinlich Schlafentzug und wenig Kontrolle darüber, wie Ihr Morgen abläuft. Denken Sie daran, dass alle Mütter mit Ihnen fühlen und wenn Sie auch nur zehn Minuten Zeit für sich selbst am Morgen bekommen können, wird es Ihnen unendlich guttun. Sollte es absolut unmöglich sein, machen Sie sich keine Gedanken. Bevor Sie sich versehen, gehen die Kinder in die Schule und dann kommen Sie auch zu Ihrer Morgenroutine!

Okay, hier kommen ein paar Tipps, um loszulegen.

1. Stehen Sie früher auf. Ich weiß, das wollen Sie nicht hören, also lassen Sie uns diesen ersten Tipp schnell hinter uns bringen. Sie werden kaum eine erfolgreiche Person finden, die nicht früh aufsteht. Ich denke mir das nicht aus, tut mir leid. Frühaufsteher sind meist glücklicher, leben länger, sind produktiver und verdienen besser. Die Wahrheit ist einfach, dass wenn Sie nicht ein kleines bisschen früher aufstehen, kein Platz in Ihrem Tagesablauf ist, um noch etwas Neues hinzuzufügen. Fangen Sie mit zehn Minuten an und steigern Sie sich dann so, wie es für Sie am besten passt.

Ich will trotzdem nicht, dass Sie weniger schlafen. Daher müssen Sie vielleicht am Abend auf eine Folge Ihrer Lieblingsserie verzichten. Anstatt sich zu sagen: „Ich bin halt ein Morgenmuffel", denken Sie lieber: „Das ist mein besonderer Moment." Es ist in Ordnung, wenn Sie nicht zum leidenschaftlichen Frühaufsteher werden. Eine meiner Freundinnen sagt: „Ich stehe zwar nicht gerne früh auf, aber ich bin gerne früh wach." Das Wichtige ist, dass Sie aus den Federn kommen und Ihre Routine durchführen. Sie wird Ihr Leben verändern.

2. Schaffen Sie sich ein Ritual. Rituale sind unglaublich beruhigend. Sie können jeden Tag auf sie zählen. Sie sind wie ein bester Freund, auf den Sie sich immer verlassen können. Starten Sie mit einer Tasse Kaffee oder Tee in den Tag, bevor alle anderen wach sind. Schauen Sie dabei nicht auf Ihr Handy oder den Computer. Facebook ist ein bisschen wie Russisches Roulette, denn Sie wissen nie, welche Informationen oder Gemütszustände Ihre Bekannten gerade geteilt haben. Ihr Tag sollte nicht von Facebook gelenkt werden, sondern von Ihnen selbst! Vielleicht möchten Sie Tagebuch schreiben, lesen oder meditieren. Viele finden diese ruhige Zeit früh am Morgen einen wunderbaren Moment zum Beten oder um einen inspirierenden Text zu lesen. Oder starten Sie mit Farbe und Papier kreativ in den Tag. Experimentieren Sie ein wenig herum und sehen Sie, was Ihnen am meisten liegt.

3. Sport. Denken Sie mal darüber nach, Ihren Tag mit Bewegung anzufangen. Wenn Sie Ihre Fitnessübungen hinter sich bringen können, bevor Ihre Familie überhaupt wach ist, kann der Tag ja nur noch gut werden! Vielleicht gibt es einen Fitnesskurs für Mütter in Ihrer Nähe. Wenn Sie ein Baby haben, nehmen Sie es mit zu einem Mutter-Kind-Kurs. Sport am Morgen schenkt Ihnen Energie für den Tag und bringt Ihren Körper dazu, Endorphine auszuschütten, wodurch Sie eine viel positivere Perspektive für den Tag bekommen. Wenn Sie den Sport schon morgens hinter sich gebracht haben, müssen Sie außerdem nicht mehr den ganzen Tag über eine Ausrede nachdenken, um nicht hinzugehen. Ich bin wirklich eine Person, die Sport LIEBT. Aber wenn ich mich nicht sofort morgens bewege, denke sogar ich mir 100 Ausreden aus, um später nichts mehr machen zu müssen.

4. Schreiben Sie Ihre 3 AWD auf. Der Morgen kann auch eine tolle, richtig produktive Zeit sein. Schauen Sie sich Ihren Kalender für den Tag an und entscheiden Sie, welche die drei allerwichtigsten Dinge sind, die Sie heute erledigen müssen. Schreiben Sie sie auf und notieren Sie auch, wann Sie sich darum kümmern wollen. So bekommen Sie KONTROLLE und müssen nicht mehr nur noch darauf reagieren, was den Tag über so passiert. Klingt doch super, oder? Lassen Sie sich darauf ein und übernehmen Sie die Verantwortung für Ihren Alltag.

5. Vorbereitung. Hierbei handelt es sich um einen Tipp für den Abend davor. Ihre Morgenroutine wird davon allerdings beeinflusst. Bereiten Sie am Abend Schulbrote vor, legen Sie die Kleidung für Ihre Kinder (und sich selbst) heraus, unterschreiben Sie Hausaufgaben und packen Sie Rucksäcke. Sogar das Frühstück lässt sich vorbereiten. Schauen Sie dann auf Ihren Kalender und überlegen Sie, was Sie morgen erledigen möchten. Das Ziel ist es, so viel wie möglich schon am Abend vorzubereiten, damit Ihr Morgen reibungsloser abläuft. Tun Sie es auch wenn Sie abends müde sind.

Übung: Mamas Morgenroutine

Nehmen Sie sich zehn Minuten (ja, Sie können zehn Minuten frei machen), um ein paar Dinge aufzuschreiben, die Sie während Ihrer Morgenroutine gerne machen würden, auch wenn alles zusammen viel zu viel Zeit in Anspruch nehmen würde.

_____

_____

_____

_____

Suchen Sie sich aus allen Möglichkeiten, die Sie aufgeschrieben haben, Ihre drei Favoriten heraus.

_____

_____

_____

Überlegen Sie, wie lange jede dieser Möglichkeiten dauern würde. Entscheiden Sie nun, was davon Sie an einem Morgen wirklich umsetzen können. Wie viel früher werden Sie morgen früh aufstehen, um Zeit für diese Tätigkeiten zu haben? (Ja, ich habe morgen gesagt. Wir fangen sofort damit an!)

Herzlichen Glückwunsch, Sie haben einen Plan! Probieren Sie ein paar Tage damit herum und finden Sie heraus, was am besten zu Ihnen passt. Wenn alles stimmt, werden Sie es wissen.

HALTEN SIE IHRE MORGENROUTINE HEILIG

Es gibt noch etwas, das wir im Hinblick auf Ihre Morgenroutine besprechen müssen. Ihre Morgenroutine zu etablieren mag schwierig sein, aber am schwierigsten ist es, sie zu schützen. Sie müssen für sich entscheiden, dass Ihre Morgenroutine unantastbar ist (natürlich mit Ausnahme von wirklichen Notfällen). Ansonsten kann ich Ihnen jetzt schon sagen, dass Sie es nicht durchziehen werden.

Halten Sie Ihre Morgenroutine absolut heilig. Verpflichten Sie sich sich selbst gegenüber und lassen Sie dann Ihre Familie wissen, dass der frühe Morgen Ihnen gehört und sie das respektieren muss. Vielleicht hört sich das eigennützig an, aber eigentlich hilft es Ihnen nur selbst-bewusster zu werden (siehe Kapitel 1). Der Tagesablauf wird für alle besser werden. Durch Ihre Morgenroutine werden Sie eine glückliche Mama sein. Und wir wissen alle, dass eine glückliche Mama der Grundstein für eine glückliche Familie ist, oder?

Das Wichtigste ist hierbei, Ihren Tag in die Wege zu leiten, bevor es jemand anderes tut. Übernehmen Sie die Kontrolle.

Meditation

Manche von Ihnen haben sich Meditation vielleicht schon als Teil Ihrer Morgenroutine ausgesucht, denn es handelt sich um eine Gewohnheit, über die wir überraschenderweise heutzutage sehr häufig in den Medien hören. Aber ich muss Ihnen etwas dazu erzählen. Ich hatte im Laufe meiner Karriere Gelegenheit dazu, tausende Frauen zu trainieren. Ich habe Leute dazu gebracht, ihre sportlichen Gewohnheiten und ihre Ernährung oder ihre Arbeitsweise zu ändern. Aber mich selbst dazu zu bringen, anzufangen zu meditieren, war wirklich hart. Ich habe mehrere Anläufe gebraucht. Wenn Sie die Augen verdrehen, wenn Sie etwas über Meditation hören, verstehe ich Sie voll und ganz. Die Idee, sich hinzusetzen und nichts zu tun, wenn Sie eigentlich tausend Dinge zu tun haben – das ist schon ganz schön verrückt.

Aber das hier hilft Ihnen nicht dabei, mehr Lust auf Meditation zu bekommen, oder? Was wäre, wenn ich Ihnen erzählen würde, dass ich seit zwanzig Jahren hin und wieder meditiere, und es in den letzten fünf davon *endlich* geschafft habe, konstant bei der Sache zu bleiben?

WIE ICH ANGEFANGEN HABE

Ich bin über die Meditation gestolpert, als ich an einer Yogaklasse meiner Freundin und Mentorin Michele Hébert teilnahm. Sie wollte mich abholen und wir wollten zusammen in ein Resort fahren. Aus Versehen hatte ich ihr aber die Wegbeschreibung zu meiner Adresse nicht richtig aufgeschrieben, und so kam sie super-gestresst bei mir an. Damals gab es noch keine Handys, sie konnte mich also nicht schnell anrufen. Ich hatte meine ruhige, spirituelle Freundin noch nie so aufgebracht erlebt.

Als wir auf der Ranch ankamen, war Michele immer noch gestresst, und sie brachte mich in einen speziellen Meditationsraum, damit sie runterkommen konnte. Wir setzten uns in einer Meditationspose hin. Und da saßen wir dann. Und saßen. Mir war es sehr unangenehm und ich fand es überhaupt nicht entspannend. „Wie lange will sie denn noch so sitzen?" fragte ich mich. „Wie lange bleiben wir noch hier? Meine Hüfte bringt mich noch um. Kann ich mich bewegen? Oder bringt sie das dann durcheinander?" Je ruhiger Michele nach und nach wurde, desto gestresster wurde ich selbst.

Nachdem ich meinen Unmut Michele gegenüber ausgedrückt hatte, erklärte sie mir, dass Meditation eine Übung ist, was bedeutet, dass wir dafür, naja, eben üben müssen. Vielleicht fangen Sie mit einer Minute an, dann mit zwei und so weiter (die sich summierenden Veränderungen) und am Ende werden Sie über längere Zeiträume hinweg meditieren – und zwar ganz freiwillig.

WARUM ÜBERHAUPT MEDITIEREN?

Aber wenn das Meditieren so schwierig ist, wieso sollten Sie überhaupt eine Gewohnheit daraus machen?

Stellen Sie sich vor, Sie bekommen eine Massage. Kennen Sie dieses Gefühl, wenn Sie irgendwo zwischen wachen und schlafen sind – und es einfach nur wunderbar ist?

Meditation kann Ihnen dieses Gefühl ganz ohne Massage bescheren, und für mich ist das ehrlich gesagt auch schon fast Grund genug. Aber ich gebe Ihnen noch weitere Gründe zu meditieren. Und das ist kein esoterischer Hippie-Kram. Alle Argumente sind wissenschaftlich belegt. Zum Beispiel durch Studien der Harvard Universität oder des Center for Pain Medicine des Emory Healthcare in Atlanta, Georgia. Die westliche Medizin und die dazugehörigen Institutionen bestätigen seit Jahrzehnten die positiven Auswirkungen der Meditation.

SECHS WISSENSCHAFTLICH ERWIESENE AUSWIRKUNGEN

1. Meditation macht Sie glücklicher.

2. Sie stärkt Ihr Immunsystem. Meditation ist wie Heilung im Voraus.

3. Sie reduziert Stress. Meditation ist eine kraftvolle Möglichkeit, den Stress zu verringern – und auch die schlechten Angewohnheiten, die damit einhergehen, zum Beispiel zu viel oder falsch essen.

4. Sie verbessert Ihr Gedächtnis, Ihre Aufmerksamkeitsspanne und Ihre Konzentration. In anderen Worten: Meditation stärkt Ihr Gehirn.

5. Sie ist gut für Ihren Körper auf eine Art und Weise, die wir noch nicht ganz verstehen. Meditation hilft zum Beispiel gegen Herzerkrankungen, Osteoporose, Schlafstörungen und Depressionen.

6. Sie ist gut für Ihre Beziehungen. Paare sagen, dass sie liebevoller zueinander sind, wenn sie meditieren. (Nein, ich habe es nicht geschafft, meinen Mann zum Meditieren zu bringen. Ich erzähle Ihnen nur die wissenschaftlichen Fakten.)

MACHEN SIE ES SICH LEICHT

Falls Sie sich Sorgen machen, dass Sie jetzt herausfinden und lernen müssen, wie man richtig meditiert, welche Ausrüstung Sie dafür brauchen, in welche Richtung Sie schauen müssen und zu welcher Tageszeit, dann lassen Sie alle diese Bedenken jetzt fallen. Sitzen Sie einfach nur in Stille da. Das ist alles, was Sie lernen oder tun müssen. Sie haben wahrscheinlich schon mal gehört, dass es das Ziel des Meditierens ist, überhaupt nicht zu denken. Aber das wird so gut wie nie wirklich passieren. Ihr Geist stellt sich nie ganz ab. Das Geplapper in Ihrem Kopf nimmt allerdings ab – mit ein bisschen Übung. Versuchen Sie es am Anfang mal mit einer dieser Möglichkeiten für mehr gedankliche Ruhe:

> Konzentrieren Sie sich auf Ihre Atmung.
> Konzentrieren Sie sich auf ein Wort oder Mantra.
> Konzentrieren Sie sich auf ein Geräusch.
> Stellen Sie sich das geistige Bild einer geliebten Person vor und konzentrieren Sie sich dann auf dieses Gefühl.

Der Vorgang, Ihre Gedanken immer wieder zurück auf Ihren Fokus zu lenken (Ihre Atmung, ein Wort usw.) *ist* die Meditation. Wenn Ihre Gedanken abschweifen, ist das kein Versagen, sondern Teil der Übung. Um genau zu sein, ist das sogar das, was Sie mit in Ihren Alltag nehmen: immer wieder auf Ihren Fokus zurückzukommen. Wenn Ihr Kind Sie an den Rand des Wahnsinns treibt, werden Sie automatisch anfangen, sich auf Ihre Atmung zu konzentrieren. Wenn Sie kurz davor sind, ein Familienmitglied anzuschreien oder einen Nervenzusammenbruch zu haben, wird Ihnen auf einmal Ihr Fokuswort wieder einfallen. Meditation ist wundervoll während der Zeit, in der wir stillsitzen. Aber genauso kraftvoll ist die Art und Weise, in der sie unsere alltäglichen Reaktionen beeinflusst.

Ich fühle mich geerdet und ruhiger an Tagen, an denen ich meditiert habe. An den Tagen, an denen ich nicht meditiere, bin ich aufgeregter, verliere schneller die Nerven und fühlte mich definitiv viel gestresster. Zusammengefasst würde ich sagen, dass ich viel besser auf das familiäre Chaos reagiere, wenn ich morgens meditiert habe. Es handelt sich um eine Gewohnheit, die eine tiefe Wirkung auf meine Zufriedenheit und mein Glück hat. Vielleicht könnte das auch für Sie gelten!

EINE MORGENROUTINE MIT EINEM PRAKTISCHEN MEDITATIONSBEISPIEL

Meine morgendliche Meditationspraxis fängt damit an, dass ich vor dem Rest der Familie aufstehe. Ich schreibe etwa zehn Minuten Tagebuch, dann lese ich einen Paragraphen oder ein Zitat aus einem inspirierenden Buch. Momentan lese ich *Wide Awake. Every Day. Daily Inspiration for Conscious Living* von meiner Freundin Starla J. King. Dann mache ich mir ein wenig sanfte Naturmusik oder Meditationsmusik an, stelle mir einen Wecker auf elf Minuten – einfach, weil elf meine Lieblingszahl ist – und sitze. Ich sitze gerade auf dem Sofa mit einem Kissen auf dem Schoß, auf dem meine Arme ruhen. Ich sitze im Schneidersitz, aber Sie können die Füße auch auf dem Boden lassen, wenn das für Sie angenehmer ist. Meine Augen sind geschlossen, es sei denn, ich möchte mich bei der Meditation auf eine Kerzenflamme konzentrieren. Wenn der Wecker klingelt, atme ich einmal tief ein und aus, dann stehe ich auf und starte in den Tag. Das ist alles!

Nachdem ich so lange geübt habe, geht mein Geist recht schnell in diesen Zustand der Entspannung über. An manchen Tagen klappt es nicht, und das ist auch ok. Trotzdem ist es gut für mich, jeden Tag zu meditieren. An manchen Tagen ist mir nach einer weiteren Meditationsübung später am Tag. Wenn ich besonders gestresst oder überfordert bin, sage ich den Kindern, dass Mama eine Auszeit braucht und meditiere ein paar Minuten für mich alleine. Ein unerwarteter Nebeneffekt ist, dass meine Tochter neugierig auf meine Meditation geworden ist und jetzt manchmal mitmacht! Beide Kinder mögen die Meditationsübung, bei der man vor einer Kerze sitzt und versucht, die Flamme dadurch zum Erlöschen zu bringen, dass man sowohl äußerlich als auch innerlich ganz still ist.

REGENBOGENMEDITATION

Setzen Sie sich in einer bequemen Position hin. Schließen Sie die Augen. Atmen Sie tief ein und lassen Sie den Atem durch Ihren ganzen Körper nach unten fließen. Atmen Sie aus. Atmen Sie noch einmal tief ein. Lassen Sie den Atem durch Brust, Magen, Bauch und Beine fließen, bis ganz nach unten in die Fußsohlen.

Nutzen Sie Ihr inneres Auge (ein fiktives Auge, das Sie sich zwischen Ihren Augenbrauen vorstellen), um Ihrem Atem dabei zuzusehen, wie er durch den Körper fließt. Schicken Sie Ihren Atem an das untere Ende Ihrer Wirbelsäule und lassen Sie Ihn in einem wunderschönen Rot aufleuchten. Ein helles, vibrierendes Rot. Atmen Sie weiter und schicken Sie die Farbe Orange dabei in Ihren Unterbauch. Fühlen Sie, wie sie in Ihren unteren Rücken fließt und dabei Ihren Körper wärmt. Atmen Sie weiter und konzentrieren sie sich nun auf den oberen Bereich Ihres Bauchs. Stellen Sie sich dabei die Farbe Gelb vor, die Ihren Bauch wie Sonnenstrahlen füllt. Sie und Ihr Körper sind in Harmonie mit dieser Farbe und Sie spüren, wie Ihr Körper sich entspannt. Mit dem nächsten Atemzug schicken Sie die Farbe Grün in Ihre Brust. Grün wie das grünste Gras der Erde.

Fühlen Sie die Balance und das Mitgefühl der Farbe Grün. Atmen Sie weiter und bringen Sie dabei die Farbe Blau in den Bereich Ihres Rachens. Blau wie der tiefste, reinste Ozean. Fühlen Sie die Weisheit und die Ausgeglichenheit der Farbe Blau. Fühlen Sie schließlich die Farbe Lila, wie Sie aus dem höchsten Punkt Ihres Kopfes strahlt. Diese Farbe bringt Ihnen Verbindung, Wissen, Frieden. Atmen Sie tief und voll ein und verbinden Sie alle Farben: Rot. Orange. Gelb. Grün. Blau. Lila. Fühlen Sie, wie die Farben des Regenbogens Ihnen Energie, Leben, Gesundheit und Frieden bringen.

ANDERE MEDITATIONSMÖGLICHKEITEN

Wenn jemand Sie fragt, wie es Ihnen geht und die Antwort ist „Superbeschäftigt!" oder etwas in der Art, dann ist das gar nicht gut. Wenn Sie sich selbst in einer verrückt-gestresst-beschäftigten Situation befinden, schulden Sie es sich selbst und Ihrer Familie, einen Weg zu finden, sich zu entspannen.

Je nachdem, in welcher Lebensphase Sie sich gerade befinden, funktioniert meine morgendliche Routine vielleicht nicht für Sie. Wenn Sie Mama eines kleinen Babys sind, können Sie vielleicht beim Stillen meditieren oder wenn Ihr Baby schläft. Oder wenn Meditieren immer noch nichts für Sie ist, dann finden Sie Ihr eigenes Äquivalent.

Vielleicht sind es Gebete, vielleicht Stricken, Malen oder etwas anderes, das Sie täglich und ohne große Anstrengung nutzen können, um Ihren Geist neu aufzuladen und Ihre Gedanken zu beruhigen. Ich selbst nutze zum Beispiel meine Atmung den ganzen Tag über, um Stress abzulassen und neue Energie zu bekommen. Lassen Sie es uns zusammen mit der nächsten Übung versuchen.

Übung: Meditatives Atmen

Ich stelle mir vor, wie Sauerstoff meinen Körper beim Einatmen füllt und wie beim Ausatmen Stress aus meinem Körper herausfließt.

1. *Atmen Sie tief ein. Stellen Sie sich vor, wie Sauerstoff Ihren Körper füllt. Atmen Sie mit weit offenem Mund aus. Stellen Sie sich vor, dass Stress freigesetzt wird und Ihren Körper verlässt. Atmen Sie ein und zählen Sie dabei bis vier. Sauerstoff füllt Ihren Körper.*

2. *Halten Sie Ihren Atem an – und entspannen Sie sich dabei. Zählen Sie bis vier. Atmen Sie aus und zählen Sie dabei bis vier. Stellen Sie sich vor, dass Stress freigesetzt wird und Ihren Körper verlässt.*

3. *Wiederholen Sie diesen Ablauf ein paarmal. Lassen Sie Ihre Atmung wieder normal werden. Spüren Sie die Ruhe.*

Wenn Sie denken, dass Sie gerade keine Zeit für eine Meditationsübung haben, brauchen Sie sie wahrscheinlich gerade besonders dringend. Und denken Sie daran: Zum Atmen haben Sie immer Zeit. *Siehe auch Seite 220 für weitere Anleitungen.*

Monatsaufgabe

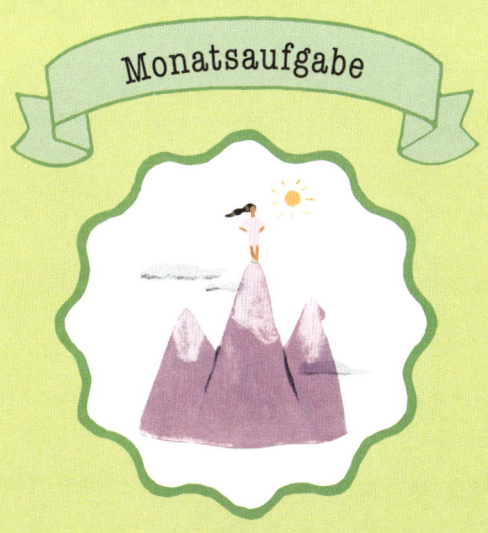

April:

Suchen Sie sich eine neue Gewohnheit aus. Gehen Sie in Minischritten darauf zu, indem Sie jeden Tag eine kleine Veränderung machen.

Streben Sie nicht weiter nach Perfektion. Streben Sie danach, besser zu werden als gestern. Gehen Sie nicht einfach nur durch dieses Jahr hindurch. Wachsen Sie durch es!

Kapitel 5

Ändern Sie Ihre Gedanken

Ich weiß, das Gehirn ist technisch gesehen kein Muskel, aber für mich ist es der wichtigste Teil Ihres Körpers, den Sie trainieren können. Mich hat schon immer fasziniert, wie unser Gehirn verkabelt ist. Denken Sie mal darüber nach, wie oft Sie eigentlich wissen, was Sie tun sollten – und es dann doch nicht tun. Oder wie Sie sich ganz einfach an etwas erinnern können, das Jahrzehnte her ist. Unsere Gehirne sind wirklich erstaunlich. Das Beste ist, dass wir unser Gehirn trainieren können. Und ich zeige Ihnen, wie.

Mamahirn

Ich gebe zu, dass ich mein „Mamahirn' von Vergesslichkeit bis Chaos für alles Mögliche verantwortlich gemacht habe. Es ist eine nette Ausrede, die mit der Schwangerschaft anfängt. Wenn Sie mit dem Konzept von dem, was man in Amerika „mommy brain" nennt, nicht vertraut sind: Das gibt es wirklich. Es ist diese Müdigkeit und Trägheit, die Sie als neue Mutter spüren – und da ist man nun mal des Öfteren durcheinander oder vergesslich. Und für viele von uns scheint es weit über die Schwangerschaft hinauszureichen. Die gute Nachricht ist, dass wir relativ gut verändern können, wie unser Hirn funktioniert und es ist stark genug dafür, ganz egal, in welchem Abschnitt der Mutterschaft Sie sich gerade befinden.

Ich habe meine psychologische Ausbildung genutzt und herauszufinden versucht, warum wir manchmal Dinge nicht tun, von denen wir wissen, dass wir sie tun sollten. Um genau zu sein, habe ich herauszufinden versucht, warum *ich* sie nicht tue. Wir sagen, dass wir gesünder essen wollen, aber wir essen Brathähnchen. Wir sagen, dass wir ein Ziel erreichen wollen, aber wir sabotieren uns selbst. Letztendlich und dank allem, was wir in den letzten fünf Jahren über unser Gehirn gelernt haben, habe ich das Geheimnis gelüftet. Das Gehirn kann trainiert werden, genauso, wie Sie einen Muskel trainieren!

Unser Gedankenschema haben wir schon sehr, sehr lange. Wenn wir unseren Kindern zum Beispiel Süßes geben, wenn ihnen langweilig ist, wenn sie traurig sind und wenn wir sie belohnen wollen, werden sie wahrscheinlich später im Leben denken, dass Essen die Antwort auf so ziemlich alle Lebenslagen ist. Kommt Ihnen das bekannt vor? Je länger ein Gedanke in eine bestimmte Richtung geht (wie zum Beispiel „Essen ist die Lösung"), desto einfacher wird es für ihn, immer so weiter zu machen. Und dann haben wir immer dieselben Gedanken.

Denken Sie, Sie sind es nicht wert?

Denken Sie, Sie sind nicht hübsch?

Denken Sie, Sie sind dick?

Wie lange hatten Sie diese Gedanken schon? Es kann sein, dass Sie sich einen tiefen Pfad gegraben haben, dem Ihr Gehirn nun automatisch folgt.

Wir haben etwa 60.000 Gedanken am Tag, und 98 % davon sind dieselben, die wir gestern auch schon hatten. Das bedeutet, dass nur 2 % unserer Gedanken an einem beliebigen Tag wirklich neu sind! Das bedeutet nicht, dass wir nicht viele neue Gedanken am Tag produzieren können. Wir kümmern uns nur nicht aktiv darum, unsere Gedanken gewollt zu verändern. Aber wieso sollten wir uns auch darum kümmern? Wenn Ihre Gedanken Ihnen nichts Gutes tun, dann tut es Ihr Verhalten wahrscheinlich auch nicht. Wenn Ihr Verhalten Ihnen nichts Gutes tut, dann ist der Dominoeffekt erheblich.

Dieses schöne Zitat aus der Upanischad (Sammlung philosophischer Schriften des Hinduismus) fasst es gut zusammen:

Deine Überzeugungen werden zu deinen Gedanken,
Deine Gedanken werden zu deinen Worten,
Deine Worte werden zu deinen Taten,
Deine Taten werden zu deinen Gewohnheiten,
Deine Gewohnheiten werden zu deinen Werten,
Deine Werte werden zu deinem Schicksal.

Wenn Sie also Ihr Schicksal bzw. Ihre Handlungen ändern wollen, dann müssen Sie Ihre Gedanken ändern. Die gute Nachricht ist, dass die aktuelle Forschung zur Neuroplastizität zeigt, dass wir unser Gehirn tatsächlich ändern können. Stellen Sie sich vor, dass ein Gedanke auf einem Weg wandert. Je öfter wir diesen Gedanken wiederholen, desto öfter wandert er auf demselben Weg und der Pfad tritt sich fest. Es wird immer einfacher, diesen Gedanken zu denken, denn er weiß ja schon, in welche Richtung es geht.

Wenn Sie einen neuen Gedanken in Ihren Kopf bekommen wollen – vielleicht etwas Positiveres als die Beispiele oben – dann müssen Sie einen neuen Weg schaffen. Stellen Sie sich vor, Sie schneiden Äste ab, um einen Pfad im Wald zu schlagen. Zuerst ist es ein bisschen anstrengend, aber je öfter Sie den Weg gehen, desto einfacher wird er.

Mit Ihrem Gehirn ist es dasselbe. Sie können einen neuen Pfad schaffen, indem Sie sich selbst daran erinnern, ihn des Öfteren zu benutzen, sodass er am Ende zu Ihrer „Hauptstraße" wird.

In dem Buch *E²: Wie Ihre Gedanken die Welt verändern. Neun Beweise zum selbst testen.* schlägt die Autorin Pam Grout vor, dass Sie Ihre 60.000 Gedanken am Tag wie Gebete behandeln. Würden Sie wirklich dafür beten wollen, was Sie gerade im Kopf haben? Würden Sie dafür beten, nicht genug Zeit zu haben oder überfordert zu sein? Es ist an der Zeit, diese Gebete (Gedanken) in etwas zu verwandeln, was Sie wirklich wollen.

Grout sagt, dass, wenn Sie Ihre Gedanken aufräumen, Sie die Energie säubern, die Sie in die Welt freisetzen. Wir müssen aufhören, reflexartige Konditionierungen und automatische Verhaltensweisen zu recyceln, die wir aufgeschnappt haben, bevor wir auch nur fünf Jahre alt waren. Wie viel Zeit verbringen Sie damit, sich automatisch selbst zu beurteilen, runterzumachen oder in Frage zu stellen? Denken Sie lieber an brillante Ideen, die Ihre Intentionen bestätigen und neue Möglichkeiten schaffen.

Stellen Sie sich Ihr Gedankentraining so vor, wie das Training, um einen kleinen Welpen stubenrein zu bekommen. Sie setzen den Welpen so lange vor die Tür, bis er versteht, was er da machen soll. Sie bestrafen den Welpen nicht, wenn er in Ihr Haus pinkelt, denn er weiß es ja nicht besser. Stattdessen helfen Sie ihm, indem Sie ihn immer wieder rauslassen. Und eines Tages wartet Ihr Welpe dann und lässt Sie wissen, dass er vor die Tür muss – der Lerprozess ist abgeschlossen. Und genau das Gleiche machen wir jetzt auch mit Ihren Gedanken.

WIE SIE IHRE GEDANKEN „STUBENREIN" BEKOMMEN

Während ich Ihnen mehr darüber erzähle, wie Sie Ihre Gedanken um-trainieren können, behalten Sie das Welpen-Szenario vor Augen.

Denken Sie daran, dass 98 % unserer Gedanken jeden Tag gleich sind. Welche negativen Gedanken haben Sie täglich?

1. _____
2. _____
3. _____
4. _____
5. _____

Wie können Sie die Perspektive für diesen Gedanken ändern? Wie kann das Negative daran positiv werden?

1. _____
2. _____
3. _____
4. _____
5. _____

Nutzen Sie diese Schritte im Alltag, um Ihr Gehirn umzutrainieren:

1. Nehmen Sie negative Gedanken, die auftauchen, zur Kenntnis.

2. Lenken Sie die negativen Gedanken sanft um und ersetzen Sie sie durch neue, positivere Gedanken.

3. Wiederholen Sie diese positiven Gedanken, bis Ihr Gehirn sie ver-innerlicht hat.

4. Kommen Sie ein wenig von Ihrem festgetretenen Pfad ab, um nach neuen, kraftvollen Gedanken zu suchen.

Ihre negativen Gedanken nützen Ihnen nicht. Werden Sie sie los. Wenn Sie daran glauben können, dass Sie es wert sind, dann werden Sie an-fangen zu sehen, wie Ihr Leben in eine ganz neue Richtung geht.

DIE STIMME IN IHREM KOPF

Seien wir ehrlich. Die Stimme in Ihrem Kopf hält niemals den Mund. Da ist ein unendlicher Strom an Gedanken, ein konstantes Geplapper, dem wir den ganzen Tag zuhören. Ich stelle es mir so vor, dass jede von uns einen Gremlin auf der einen Schulter sitzen hat und eine Göttin auf der anderen. Der Gremlin sagt uns ständig, wieso wir etwas nicht tun können oder warum wir nicht gut genug sind. Ihr Gremlin ist derjenige, der Ihr Selbstvertrauen und Ihr Selbstbewusstsein herunterzieht. Die Göttin richtet Sie auf, ermutigt Sie und glaubt an Ihre Möglichkeiten. Wer spricht mehr mit Ihnen: der Gremlin oder die Göttin?

Wir können unseren inneren Gremlin oder unsere innere Göttin kontrollieren. Lenken Sie Ihre Selbstgespräche in eine positive Richtung. Wir müssen selbst lernen, wie man das macht, um dann unseren Kindern beibringen zu können, ihre eigene Göttin oder ihren eigenen Superhelden zu schaffen.

DREI WEGE, IHRE SELBSTGESPRÄCHE UMZULENKEN

1. **Werden Sie sich dessen bewusst.** Das reicht fürs Erste. Wenn Sie einfach erst einmal feststellen, dass Ihre Selbstgespräche kein positiver Einfluss für Sie sind, kann Ihnen das helfen, das Ruder herumzudrehen.

2. **Nutzen Sie Affirmationen.** Suchen Sie sich eine Lieblings-Affirmation aus, die Sie sich täglich selbst wiederholen, um einen neuen Weg in Ihrem Gehirn zu schlagen. Es gibt viele tolle Bücher und Websites zum Thema Affirmationen. Schauen Sie sich den Abschnitt „Ressourcen" in diesem Buch an, um loszulegen.

3. **Umgeben Sie sich mit positiver Kraft.** Je mehr Sie sich mit positiven Menschen umgeben, desto wahrscheinlicher fühlen Sie sich auch selbst positiver – und andersherum. Umgeben Sie sich deshalb selbst mit positiven Zitaten, Podcasts und Nachrichten.

STELLEN SIE DAS MAMA-HIRN AB

Um unser Hirn zu trainieren, brauchen wir ein wenig Freiraum. Das kann als Mutter eine ganz schöne Herausforderung sein. Erinnern Sie sich noch daran, als Sie sich wünschten, Ihr Baby würde endlich „Mama" sagen? Nach dem tausendsten Mal hört sich dieses liebliche Geräusch allerdings schon ganz anders an.

Mama. – Mama. – Mama. – Mama!
Stimmt's?

Unsere Kinder verstehen nichts von persönlichen Freiräumen. Was uns gehört, gehört auch ihnen und sie sind immer vorne mit dabei! Natürlich wissen wir, dass diese Zeit mit ihnen ganz besonders ist, aber sie fühlt sich auch ein ganz klein wenig wie (kaum) kontrolliertes Chaos an. Wie können wir also inmitten dieses Chaos unser Gehirn trainieren? Wie können wir ein keines, stilles Eckchen für uns finden, wo wir unser Hirn für uns allein haben und darin nach uns selbst suchen können? Ich habe ein paar Tipps für Sie. Manche werden Ihnen bekannt vorkommen. Sie sind also schon auf dem Weg, ein bisschen Frieden zu finden!

1. Wenn es Ihnen irgend möglich ist, stehen Sie zehn Minuten vor Ihrem Kind auf. Nutzen Sie diese Minuten, um sich mit einer Tasse Tee hinzusetzen, Tagebuch zu schreiben oder zu meditieren. Sie werden überrascht sein, was alles passieren kann, wenn Sie Ihren Tag so einläuten. Hoffentlich tun Sie das bereits im Rahmen Ihrer neuen Morgenroutine!

2. Atmen Sie und zählen dabei bis vier. Über den Tag verteilt gibt es viele Momente, in denen Sie ein paar einfache Atemübungen machen können: stillen, Auto fahren, Geschirr spülen. Atmen Sie ein und zählen Sie dabei bis vier, entspannen Sie sich mit angehaltenem Atem und zählen Sie dabei bis vier, atmen Sie aus und zählen Sie dabei bis vier. Es ist bewiesen, dass bewusstes Atmen beruhigend und belebend ist und Ihnen dabei hilft, Stress zu reduzieren. Das unbewusste Atmen, das wir zum Überleben brauchen, ist etwas ganz anderes, als ein bewusstes Atmen, um uns zu beruhigen.

3. Achten Sie auf die Musik, die Sie hören. Vielleicht macht es Ihnen Spaß, dem neuesten Hit von Lady Gaga zu lauschen, aber ob das hilft, Ihre Nerven zu beruhigen? Vielleicht hilft es Ihnen, klassische Musik oder Naturgeräusche zu hören. Musik ist sehr kraftvoll und kann uns helfen, Stress zu reduzieren und eine ruhige Umgebung zu schaffen. So kommen Sie in eine sanftere Stimmung.

4. Aromatherapie gegen Stress. Die Aromatherapie ist eines der schnellstwachsenden Felder der alternativen Medizin. Der Geruchssinn ist der einzige Sinn, der alles (einschließlich Ihrer Gedanken) überspringen und sofort in Ihr Nervensystem vordringen kann. Probieren Sie verschiedene ätherische Öle aus: Von Lavendel bis Zitronenmelisse gibt es alle möglichen Gerüche. Sprühen Sie sie in Ihr Auto oder reiben Sie sie sich morgens aufs Handgelenk.

5. Nehmen Sie sich eine Mama-Auszeit. Auszeiten haben einen schlechten Ruf. Kinder empfinden sie als Bestrafung, aber eigentlich geht es darum, einen Raum und einen Moment zu schaffen, um die Gedanken zu beruhigen und wieder gelassener zu werden. Mütter sollten versuchen, sich öfter mal (am besten täglich) eine Mama-Auszeit zu nehmen, damit sie durchatmen, von vorne anfangen und ihre Batterien aufladen können.

Wie mit allen Plänen sollten Sie auch hier flexibel bleiben, falls es mal nichts wird. Denn das passiert eben. Aber denken Sie stets daran, dass es Ihrer Familie am besten geht, wenn SIE sich um sich SELBST kümmern!

Körperbild

Wenn Sie denken, dass Sie keine Zeit haben (da sind wir schon wieder), um Ihr Gehirn zu trainieren, dass Sie einfach alle Aufgaben hinter sich bringen müssen, denken Sie mal an die Probleme mit Ihrem Körperbild. Ich unterstreiche: Ich habe nicht Körper*typ* gesagt, sondern Körper*bild* – das Bild, dass Sie davon im Kopf haben, wie Ihr Körper aussieht. Sie denken vielleicht, dass das, was Sie sich selbst über Ihren Körper erzählen, Ihre Kinder oder den Rest der Familie nicht beeinflusst. Ich glaube, da liegen Sie falsch.

Sehen Sie sich einmal die folgenden Fakten der National Eating Disorders Association an:

- Etwa 20 Millionen Frauen leiden an Essstörungen.
- Zweiundvierzig Prozent der Grundschüler in den Klassen eins bis drei wären gerne dünner. (Collins, 1991)
- Achtzig Prozent der Zehnjährigen haben Angst davor, zu dick zu werden. (Mellin et al., 1997)
- Sechsundvierzig Prozent der Neun- bis Elfjährigen sind „manchmal" oder „sehr oft" auf Diät und zweiundachtzig Prozent ihrer Familien sind „manchmal" oder „sehr oft" auf Diät. (Gustafson-Larson & Terry, 1992)

Einstellungen zum Körperbild werden in sehr jungen Jahren geformt, wahrscheinlich früher, als Ihnen klar ist. Es liegt an Ihnen als Eltern, Ihre Kinder mit einem starken Selbstbild auszustatten, damit sie dem Druck durch die Medien standhalten können. Wir müssen uns darüber im Klaren sein, dass unsere eigenen ungelösten Probleme mit unserem Körper und unserem Gewicht versehentlich auf unsere Kinder abfärben könnten. Die Art und Weise, wie Sie mit Ihrem Körper umgehen und darüber sprechen, wird definitiv Auswirkungen auf Ihre Tochter haben. *Frauen entscheiden sich nicht einfach dazu, ihre Körper zu hassen. Wir bringen es Ihnen bei.*

Einer der Gründe, warum FIT4MOM in den Staaten so beliebt ist, ist, dass Mütter gesunde Rollenvorbilder für Ihre Kinder sein wollen. Aber vielleicht ist Ihnen gar nicht klar, wie wichtig Ihr eigenes Körperbild für die Zukunft Ihrer Tochter ist. Was wir sagen und wie wir uns verhalten, beeinflusst unsere Kinder stark. Sowohl unsere Söhne als auch Töchter können Probleme mit ihrem Körperbild bekommen und Essstörungen entwickeln. Wir müssen uns darüber klar sein, dass sie alles mitbekommen, auch wenn sie noch sehr jung sind.

TIPPS FÜR EIN POSITIVES KÖRPERBILD

Wie können wir also unseren Kindern helfen, wenn wir uns erst noch selbst helfen müssen? Die Antwort ist, dass wir erst damit anfangen müssen, uns um uns selbst zu kümmern, um ihnen helfen zu können. Hier sind ein paar Dinge, die Sie zu Hause tun können, um ein positiveres Körperbild einzuüben.

+ Behalten Sie negative Gefühle über Ihren Körper für sich und bringen Sie Ihrem Gehirn ein positiveres Körperbild bei.
+ Seien Sie stolz auf Ihren Körper und all das, was er leisten kann.
+ Nehmen Sie Komplimente an, wenn Sie welche bekommen.
+ Machen Sie keine Diäten. Zeigen Sie Ihren Kindern, dass Sie jeden Tag eine gesunde und ausgeglichene Auswahl an Nahrungsmitteln zu sich nehmen. Meist sind diejenigen, deren Kinder die größten Schwierigkeiten beim Essen haben, diejenigen, die sich auch selbst am schlechtesten ernähren. Ihre Kinder müssen Sie essen sehen, damit sie selbst gesund essen können.
+ Seien Sie auch ein Vorbild im sportlichen Bereich. Sollte es Fitnesskurse geben, zu denen Sie Ihre Kinder mitnehmen können, ist das eine tolle Chance, ihnen zu zeigen, dass Sport wichtig für Sie ist und Spaß macht.

- Lassen Sie Ihre Kinder nicht hören, wie Sie Ihr Gewicht oder Diäten mit anderen besprechen. Passen Sie in Gesprächen mit Ihren Freundinnen auf, was Sie sagen. Ihre Kinder bekommen mehr mit, als Sie denken!
- Versuchen Sie nicht, Ihren Körper vor Ihrer Tochter zu verstecken. Seien Sie stolz auf Ihre Kurven. Wenn Sie offen mit Ihrem Körper umgehen, zeigt das Ihrer Tochter, dass Sie sich wohl fühlen und sich für nichts schämen müssen.
- Suchen Sie sorgsam aus, was Sie im Fernsehen anschauen und welche Zeitschriften Sie kaufen. Bilder von sehr dünnen Models oder nach extremer „Aufhübschung" vermitteln Ihren Kindern eine ganz konkrete Botschaft dazu, wie sie aussehen sollten.

Was wir nicht für uns selbst tun, tun wir für unsere Kinder. Es ist an der Zeit, unsere Körper zu akzeptieren, wenn nicht für unser eigenes Wohlbefinden, dann für das ihre.

> Und ich sagte sanft zu meinem Körper: „Ich will deine Freundin sein." Er atmete tief ein und antwortete: „Darauf habe ich mein ganzes Leben gewartet."
>
> —NAYYIRAH WAHEED

Was mich selbst betrifft: Mein Körper war einer meiner größten persönlichen Kämpfe. Jahrzehntelang versuchte ich, Gewicht zu verlieren, fitter, schlanker und muskulöser zu werden. Seit zwanzig Jahren nun bin ich davon ganz abgekommen. Ich esse gesund und bewege mich fast jeden Tag. Einen Sixpack habe ich trotzdem nicht. Ich muss mich immer wieder anstrengen und mir selbst sagen: „Ich bin gesund und ich bin genug, und zwar genauso, wie ich jetzt bin." Ich bin sicher, dass es immer noch Leute gibt, die mich verurteilen, weil sie mich nicht dünn genug oder fit finden, um die Besitzerin eines Fitnessunternehmens zu sein. Aber ich hoffe, ich kann ein Vorbild dafür sein, wie wirklich gesunde Ernährung und Sport aussehen. Das Leben ist einfach zu kurz, um sich von dem Körper aufbringen zu lassen, in dem Sie stecken. Und ich hoffe sogar, dass wir lernen, unsere Körper zu lieben und zu schätzen.

Verändern Sie Ihren Fokus

Egal, ob es sich um Ihr Körperbild handelt oder um negative Selbstgespräche: Ein spezifischer Aspekt dabei, Ihr Gehirn zu trainieren ist es,
Ihren Fokus zu verändern. Was sehen Sie auf dem Bild unten?

Nehmen Sie sich einen Moment Zeit. Die meisten Leute sagen mir,
dass Sie einen Kreis sehen. Aber was ist mit der großen blauen Fläche
in dem Kasten? Aha, jetzt sehen Sie ihn auch, oder? Wir bekommen
das, worauf wir uns konzentrieren. Und andersherum bekommen wir
NICHT, worauf wir uns NICHT konzentrieren.

Denken Sie an optische Täuschungen. Zuerst sehen Sie ein Bild –
und weil Sie wissen, dass es noch ein anderes Bild gibt, verändern Sie
Ihren Fokus und sehen es. Vielleicht müssen wir auch genau das tun,
wenn wir uns unser Leben anschauen. Unseren Fokus verändern und
die Dinge mit anderen Augen sehen. In den meisten Fällen haben Sie
sich Ihr Leben ausgesucht – das heißt, Sie sind kein Opfer.

Wenn Ihr Kleinkind schreit, weil Sie ihm kein Spielzeug kaufen wollen, ändern Sie Ihren Fokus und lächeln Sie über die Lektion fürs ganze Leben, die Sie ihm gerade beibringen. Wenn Sie gestresst sind, weil Sie hundert E-Mails haben, denken Sie daran, was für ein Glück Sie haben, dass so viele Menschen mit Ihnen Kontakt aufnehmen wollen. Wenn Sie finanziell unabhängiger werden möchten, ist es vielleicht an der Zeit, sich stärker auf ein Gefühl finanziellen Wohlstands zu konzentrieren.

Denken Sie an eine Situation, in der Sie sich diese Woche befunden haben, und bei der es Ihnen gut getan hätte, den Fokus zu verändern.

Was wir Ihre ursprüngliche Reaktion?

Ändern Sie Ihren Fokus. Was wäre eine andere Möglichkeit? Welche anderen Reaktionen wären noch möglich?

Das Problem ist, dass die meisten Mütter so überfordert sind, dass sie keine Ahnung haben, wie sie alles ausgleichen sollen. Welche Werkzeuge haben Sie sich in den letzten Kapiteln ausgesucht, um dieser Überforderung Herr zu werden? Ihre AWD. Die Wörter Ja und Nein. Vereinfachen und zurechtstutzen. Delegieren. Täglich zehn Minuten Zeit sparen. Ihre Gewohnheiten verändern. Minischritte machen. Und jetzt Ihr Hirntraining. Also, lassen Sie uns weitermachen.

MACHEN SIE „KANN ICH NICHT" ZU „KANN ICH"

Lassen Sie uns dieses neue „Fokusänderungs-Werkzeug" dazu benutzen, um Ihre Perspektive auf eine ganz besondere Frage zu überprüfen. Von wie vielen Dingen denken Sie, dass Sie sie nicht können? Ein Buch schreiben? Ein Soufflé backen? Nachdem ich Jahrzehntelang mit dem „kann ich nicht" gelebt habe, glaube ich heute, dass ich alles erreichen kann, wenn ich es wirklich will und bereit bin, die nötige Arbeit in das Projekt zu investieren. Im Moment kann ich kein Soufflé backen. Aber das macht mir auch nichts aus. Ich kann auch keine Klimmzüge. Das würde ich aber gerne. Deshalb übe ich fast jeden Tag und weiß, dass ich eines Tages einen ganzen Klimmzug schaffen werde.

Ganz gleich, ob Sie denken Sie können etwas oder
Sie können es nicht, Sie haben recht.

—HENRY FORD

Übung: Ich kann das!

Nehmen Sie sich einen Moment Zeit und denken Sie an etwas, das Sie immer tun wollten, aber nie geschafft haben.

Wollten Sie vielleicht einen Marathon laufen? Ein Unternehmen gründen? Ein Buch schreiben? Aus einem Flugzeug springen? Na kommen Sie, irgendetwas haben wir alle. Was ist es bei Ihnen?

Schreiben Sie Ihre „Ich kann das"-Aktivität auf (auch, wenn Sie noch nicht so recht daran glauben):

_____

_____

_____

Was sagt Ihr Gehirn? Häuft es schon Hindernisse auf, sodass Sie das „Ich kann das" vor lauter „Du kannst das nicht" gar nicht mehr sehen können? Lesen Sie weiter; es wird Ihnen helfen, diese Hindernisse zu überwinden.

ÜBERWINDUNG

Wenn Sie denken, dass Sie ohne Hindernisse durchs Leben kommen können, ist das völlig unrealistisch. Egal wie positiv Sie sind, es werden auch schwere Zeiten kommen. Die gute Nachricht ist, dass Sie die Wahl haben, wie Sie die schweren Zeiten angehen wollen.

> Ich bin davon überzeugt, dass das Leben zu 10 % daraus
> besteht, was mir widerfährt und zu 90 % daraus, wie
> ich darauf reagiere. Und so ist es bei Ihnen auch ... wir
> sind für unsere Einstellung verantwortlich.

—CHARLES S. SWINDOLL

Denken Sie an die Hindernisse, über die Sie in Ihrem Leben gestolpert sind. Denken Sie an die härtesten Zeiten, die Ihnen widerfahren sind. Hat es Ihnen nicht geholfen, die Person zu werden, die Sie heute sind, dass Sie diese Zeiten überstanden haben? Auch wenn Sie niemandem wünschen, dass ihm dasselbe passiert, durch diese Dinge haben Sie bestimmt einen stärkeren Charakter entwickelt. Es ist schwierig, wenn Sie gerade in der Situation stecken. Aber wenn Sie über ein Hindernis als eine Chance zum Wachsen und Lernen nachdenken, wird Ihnen das helfen, auf die andere Seite zu kommen.

Falls Ihre eigene Lebensgeschichte Ihnen nicht inspirierend genug ist, bringen Sie mehr über andere Menschen in Erfahrung. Ich liebe es, Biografien erfolgreicher Menschen zu lesen. Wenn Sie hören, was sie überwunden haben und wie sie durchgehalten haben, gibt Ihnen das Inspiration für Ihre eigenen Herausforderungen.

Manche Hindernisse wie der Tod oder eine Naturkatastrophe treten unumgänglich in unser Leben. Aber es gibt auch noch eine andere Art von Hindernis: diejenigen, die wir uns selbst aufbürden. Ich spreche über Dinge wie schlechte Ernährung, wenig Bewegung, Streit mit dem Partner, zu volle Terminkalender. Viele von uns leben ihr ganzes Leben, ohne diese Hindernisse jemals zu überwinden. Aber Sie können es. Mit einem Plan. Es reicht nicht, sich eines Hindernisses nur bewusst zu sein. Sie müssen sich wirklich darauf konzentrieren und eine Lösung finden. Ich nehme ein Hindernis wie eine Herausforderung an.

Es kann gut sein, dass Sie eine Variante Ihres Ziels vorher schon einmal auf dem Schirm hatten. Vielleicht wollten Sie gerne für einen Rat, den Sie immer wieder geben, bezahlt werden (und auf Ihrer „Ich kann das"-Liste steht „ein Unternehmen gründen"). Welche Hindernisse stehen Ihnen im Weg? Sie werden Ihnen wieder im Weg stehen. Denken wir also über die Hindernisse nach, die Sie überwinden müssten, um Ihre „Ich kann das"-Aktivität zu erreichen.

Übung: Hindernisse überwinden

Nehmen wir an, dass Sie mehr Sport treiben wollen und das Hindernis ist, dass Sie nicht genug Zeit haben. Wenden Sie diese Lösungen an.

Ich habe nicht genug Zeit,

... also blockiere ich einen Zeitabschnitt für Sport in meinem Kalender.

... also trainiere ich zwanzig Minuten zu Hause.

... also gehe ich während meines Telefon-Meetings spazieren.

Machen Sie eine Liste von drei Dingen, die Ihrer „Ich kann das"-Aktivität im Weg stehen.

1. _____

2. _____

3. _____

Entwickeln Sie einen Plan für jedes einzelne Hindernis:

1. *Wenn* _____ *passiert, dann werde ich*_____
_____

2. *Wenn* _____ *passiert, dann werde ich*_____
_____

3. *Wenn* _____ *passiert, dann werde ich*_____
_____

> ## Wenn Sie aus dem Sturm treten, werden Sie nicht dieselbe Person sein, die hineingegangen ist. Darum geht es bei dem Sturm.
>
> **—HARUKI MURAKAMI**

Ihr Plan wird Ihnen dabei helfen, immer aus dem Sturm herauszutreten und Ihre „Das kann ich nicht" zu „Ich kann das" werden zu lassen, und zwar immer wieder.

Versagen

Waren Sie gerade versucht, die Übung einfach zu überspringen? Ich bin stolz darauf, dass Sie weitergemacht haben. Ich verspreche Ihnen, ganz sanft über das Thema Versagen zu sprechen, ein großes Hindernis, auf das die meisten von uns öfter treffen, als ihnen lieb ist. Häufig ist der Grund, warum wir etwas nicht versuchen, dass wir Angst davor haben, zu versagen. Das wird ziemlich persönlich. Wir wollen nicht schlecht dastehen und wir wollen ganz sicher keine Verlierer sein.

Ich wünsche mir, dass Sie Fehler annehmen. Wenn wir bei etwas versagen, ist das eine Chance, daran zu wachsen, stärker zu werden und zu lernen. Vielleicht macht Ihnen das zuerst einmal Angst – aber es wird immer weniger beängstigend, wenn Sie das Versagen immer wieder üben. Wenn Sie es immer weiter versuchen, werden Sie immer erfolgreicher bei dem werden, wobei Sie zunächst versagt haben.

Im Moment möchte ich zum Beispiel mehr Aufträge als Rednerin bekommen. Mein Podcast ist super, aber da sehe ich das Publikum nicht und manchmal fühle ich mich, als würde ich nur Selbstgespräche führen. Ich will ein sichtbares, echtes Publikum, denn da leiste ich die beste Arbeit.

Das Problem ist, dass ich noch nicht viel über das Business als Rednerin weiß. Ich weiß nicht, ob ich einen Agenten brauche oder wie ich an die Aufträge kommen soll. Aber ich habe mir selbst vorgenommen, einmal am Tag das Risiko einzugehen, zu versagen. Einmal am Tag werde ich zu einem bestimmten Moment versuchen, einen Auftrag als Rednerin zu bekommen. Vielleicht bekomme ich jeden Tag ein Nein zu hören. Aber wissen Sie was? Ich wette, irgendwann ist auch ein Ja dabei!

Mir ist schon klar, dass ich viele Auszeichnungen für meine Erfolge bekommen habe. Aber wissen Sie, wie oft ich versagt habe? Natürlich nicht, denn darüber spreche ich natürlich nicht die ganze Zeit in der Öffentlichkeit. Niemand tut das! Ich werde jeden Tag abgewiesen, und das ist in Ordnung für mich, denn ich habe meine Definition von Versagen geändert.

Schauen wir uns einmal die Definition von Versagen an.

Versagen: *Das Geforderte, Erwartete nicht tun, leisten können, nicht erreichen; an etwas scheitern. (Quelle: Duden online)*

Nach dieser Definition versage ich praktisch jeden Tag. Wie oft verlegen Sie Ihre Schlüssel? Vergessen, warum Sie die Treppe hinuntergekommen sind? Vertippen sich? Wir versagen alle im klassischen Sinne. Daher müssen wir das Konzept in einen positiveren Rahmen bringen.

Versagen: *Eine Chance aus einem ungewünschten Ergebnis zu lernen, damit Sie es in Zukunft besser machen können. (Quelle: Lisa Druxman Wörterbuch)*

Die Definition klingt schon viel besser, oder? Als Kind habe ich mich oft wie eine richtige Versagerin gefühlt. Ich habe es Ihnen ja schon gesagt. Bei mir klappte es in der Schule, mit Freundschaften oder beim Sport nicht so richtig. Mir wird immer noch ganz mulmig, wenn ich an diese Zeit denke. Aber jetzt sehe ich Versagen als etwas ganz anderes.

Der Motivationscoach Tony Robbins sagt, dass Versagen nur ein Konzept ist und dass unser Leben von der Bedeutung kontrolliert wird, die wir diesem Konzept zuschreiben. Sie können vor einer Situation stehen und sagen „Das ist das Ende meiner Karriere!" oder „Das ist nur ein neuer Anfang. Eine Chance, etwas Neues auszuprobieren." Wenn Sie denken, das ist das Ende, werden Sie ganz anders auf die Situation antworten und reagieren, als wenn Sie denken, dass es ein neuer Anfang ist. Denken Sie daran: Versagen ist nur ein Konzept. Sie selbst entscheiden, wie Sie darüber denken und darauf reagieren.

Wie oft haben Sie aufgegeben, weil Sie etwas nicht sofort geschafft haben oder weil Sie auch nur Angst vor dem Versagen hatten? Haben Sie keine Angst vor dem Versagen; was viel mehr Angst macht ist, nie etwas zu versuchen. Bei etwas zu versagen ist eine Chance, neu anzufangen. Aber diesmal mit mehr Wissen.

„Wer noch nie einen Fehler gemacht hat, hat sich noch nie an etwas Neuem versucht", sagte Albert Einstein. Vielleicht denken Sie jetzt: *Aber er war ein Genie!* Einstein hat sich wahrscheinlich in jungen Jahren nicht gerade wie ein Genie gefühlt. Er fing nicht richtig an zu sprechen bis er vier Jahre alt war. Er sprach bis zum zwölften Lebensjahr nicht flüssig. Alle Lehrer sahen eine schwarze Zukunft für ihn voraus. Ich denke, wir können jetzt mit ziemlicher Sicherheit sagen, dass die Lehrer falsch lagen.

Und Einstein war nicht die einzige erfolgreiche Person, die oft versagt hat, bevor sie erfolgreich wurde.

BERÜHMTE VERSAGER

1. **Abraham Lincoln** verfehlte seine Ziele sowohl in der Politik als auch geschäftlich, bevor er Präsident der Vereinigten Staaten wurde.

2. **Dr. Seuss,** ein berühmter amerikanischer Kinderbuchautor, wurde 30 Mal abgelehnt, bevor er sein erstes Buch veröffentliche konnte.

3. **Die Beatles** bekamen zu hören, dass sie keine Zukunft in der Musikbranche haben würden und wurden von einem sehr berühmten Label abgelehnt.

4. **Steven Spielberg** war ein Tagträumer (genau wie ich) und hatte Dyslexie. Wegen seiner schlechten Noten wurde er von zwei großen Filmschulen abgewiesen.

5. **Beethovens** Musiklehrer sagt ihm einmal, er sei beim Komponieren ein hoffnungsloser Fall.

6. **Henry Ford** setzte zweimal eine Geschäftsidee in den Sand, bevor er die Ford Motor Company gründete.

7. **Walt Disney** wurde 302 Mal abgelehnt, bevor er die Finanzierung für Disneyland bekam. Bei einem früheren Job bei einer Zeitung wurde er wegen fehlender Vorstellungskraft gefeuert.

8. **Oprah Winfrey** wurde von ihrem Job als Nachrichtensprecherin zurückgestuft, weil sie nicht ins Fernsehen passe.

9. **J. K. Rowling** wurde zwölf Mal abgelehnt, bevor ein Verlag Harry Potter annahm.

Mich motivieren die Rückschläge anderer Personen, denn ihr Beispiel zeigt mir, dass ich auch mein eigenes Versagen überwinden kann. Kurz nachdem ich *Stroller Strikes* auf die Beine gestellt hatte, las ich über die Gründerin von Mary Kay Cosmetics. Jemand hatte ihr gesagt, dass ihre Idee niemals ankommen würde und sie mit Sicherheit bankrottgehen würde. Und zunächst lief es auch sehr schleppend an. Aber sie blieb bei der Sache und revolutionierte die Kosmetikindustrie. Wenn sie das geschafft hat, dann würde ich es auch schaffen. Und Sie auch!

LASSEN SIE IHRE KINDER SCHEITERN

Es ist auch wichtig, Ihren Kindern beizubringen, wie man Rückschläge überwindet. Ich las meinen Kindern gerne das Buch *Salt in His Shoes: Michael Jordan and the Pursuit of A Dream* von Deloris Jordan und Roslyn M. Jordan vor. Es ist die Geschichte von Michael Jordan und wie furchtbar schlecht er beim Basketball war. Richtig, er war schlecht im Basketball. Der berühmteste Basketballspieler aller Zeiten wurde aus seinem High-School-Team herausgeschmissen, aber dieser Rückschlag motivierte ihn dazu, so erfolgreich zu werden, wie wir ihn kennen.

Wir leben heute in einer Gesellschaft, in der alle Gewinner sind und in der Kinder stark beschützt werden – sowohl körperlich als auch emotional. Sie dürfen nicht mehr auf der Straße spielen und sie müssen Ellenbogenschoner, Knieschoner, Schienbeinschoner und alle möglichen anderen Schoner tragen. Es stimmt, einige davon machen schon Sinn, aber wir müssen aufpassen, dass wir es mit dem Beschützen nicht übertreiben. Wir müssen auch erlauben, dass unsere Kinder mal verlieren oder sich verletzen.

In Ihrem Buch *The Blessings of a Skinned Knee* weist Wendy Mogel darauf hin, dass wir unsere Kinder zu sehr verwöhnen. Wir geben Ihnen zu viele Dinge und zu wenig Struktur. Alles ist ständig zu viel. Mogel nimmt an, dass wir unsere Kinder vor dem Schmerz des Lebens bewahren wollen und dass wir sie dadurch womöglich davon abhalten, erfolgreich zu werden. Wir lernen, wenn wir scheitern. Die Erwachsenen, die in ihrer Jugend ein bestimmtes Niveau an Gegenwind überstehen mussten, sind später im Leben oft erfolgreicher. Schon in jungen Jahren lernen sie, sich auf ihr soziales Umfeld zu stützen und wie sie auf die Herausforderungen des Lebens reagieren können.

Lassen Sie Ihre Kinder beim Monopoly verlieren.

Lassen Sie sie beim Sport verlieren.

Lassen Sie sie hinfallen und zeigen Sie ihnen, wieder aufzustehen.

AUCH DAS SCHEITERN HAT SEINE GRENZEN

Es ist an der Zeit, unsere Perspektive auf das Scheitern von etwas, das wir auf jeden Fall verhindern müssen, zu etwas zu ändern, das uns beim Wachsen hilft. Wenn Sie gerade mitten im Versagen stecken, denken Sie daran, dass Sie hier gerade etwas lernen. Ich möchte aber auch darauf hinweisen, dass es keine Ehrenmedaille für häufiges Versagen gibt. Ich will nicht, dass Sie nun immer wieder bei derselben Diät oder einem Fitnessprogramm scheitern. Die wichtige Frage ist, ob Sie aus dem Scheitern etwas lernen und Veränderungen vornehmen. Manche nennen das *Vorwärtsscheitern*.

WIE MAN SICH VON EINEM RÜCKSCHLAG ERHOLT

1. Überprüfen Sie noch einmal, was passiert ist.

2. Machen Sie einen neuen Plan.

3. Bereiten Sie sich darauf vor, erneut Fehler zu machen, nur andere.

Einsteins Genie begründet sich auf seinem Scheitern. Warum? Weil er aus allen Rückschlägen gelernt hat.

Scheitern ist nicht immer ein Fehler, manchmal ist es einfach das Beste, das man in einer bestimmten Situation leisten kann. Der wirkliche Fehler ist, es nicht weiter zu versuchen.

—B. F. SKINNER

Versagen Sie. Aber hören Sie nicht auf, es zu versuchen.

Willenskraft

Eines brauchen Sie noch, um Ihr Gehirn zu trainieren, um neue Gewohnheiten zu bilden, Ihren Fokus zu verändern und Hindernisse zu überwinden. Etwas, von dem wir schon oft gehört haben: Willenskraft. Ich sehe oft, wie meine Kundinnen sich darüber ärgern, dass sie davon einfach nicht genug haben. Aber bevor auch Sie anfangen, sich selbst zu kritisieren, stellen Sie sich einfach mal vor, dass Sie wahrscheinlich genug Willensstärke haben, aber nicht wissen, wie Sie Ihr ganzes Potenzial ausschöpfen können.

Sie verfügen nicht über ein unendliches Arsenal an Willenskraft. Ich finde es ganz toll, wie in dem Buch *The One Thing* von Gary Keller die Willenskraft als ein Treibstofftank dargestellt wird. Wenn Sie sie immer weiter benutzen, ist sie irgendwann aufgebraucht. Je schneller Sie fahren, desto schneller ist auch der Tank leer. Jedes Mal, wenn Sie eine Entscheidung treffen, verbrauchen Sie ein wenig Treibstoff. Aus diesem Grund haben Sie abends meistens gar keine Willenskraft mehr.

Stress und Willenskraft passen nicht gut zusammen. Aus diesem Grund haben Sie wahrscheinlich auch das Gefühl, dass Sie gerade nur wenig Willenskraft haben. Wenn Sie willensstärker sein wollen, müssen Sie Wege finden, um den Stress zu reduzieren! Stress löst die Kampf-oder-Flucht-Reaktion in Ihrem Gehirn aus. Es kann in diesem Modus keine weisen, willensstarken Entscheidungen treffen.

Ihr Gehirn nutzt Glukose, genauso wie Ihre Muskeln. Und wenn Sie Ihre Willensstärke einsetzen, brauchen Sie ziemlich viel von dieser Glukose auf. Wenn das Zuckerniveau in Ihrem Gehirn niedrig ist, können Sie sich nicht konzentrieren und auch nicht willensstark sein. Essen Sie regelmäßig gesunde, ausgeglichene Mahlzeiten und Ihr Gehirn wird geradezu aufblühen. Alles, was Ihre Stimmung bessert, Stress reduziert und Ihnen Energie verleiht, wird auch Ihre Willenskraft steigern.

Wie können Sie Ihre Willenskraft sonst noch verbessern? Ändern Sie Ihre Einstellung. Wenn Sie Sport oder gesunder Ernährung ein Stigma auferlegen, dann werden Sie sich immer dagegen wehren. Wenn Sie wirklich positive Assoziationen mit der Aktivität und dem entsprechenden Ergebnis verbinden, dann werden Ihre Gedanken ebenfalls davon angezogen. Ich erfinde diese Dinge nicht. In den letzten fünf Jahren gab es in der Forschung erstaunliche neue Fakten. Kelly McGonigal hält ein Seminar an der Stanford Universität mit dem Namen *The Science of Willpower* (Die Wissenschaft der Willenskraft). Sie vergleicht Willenskraft mit einem Muskel. Genau wie ein Muskel kann sie ermüden, wenn Sie sie ständig benutzen. Aber genau wie ein Muskel kann sie auch stärker werden, wenn Sie sie langsam aufbauen.

Wenn Sie Ihre Willenskraft einsetzen, ist Ihr Gehirn in einem Zwiespalt zwischen dem, was Sie jetzt wollen (etwas Süßes essen oder alles Mögliche außer Sport), und dem, was Sie in der Zukunft gerne hätten (einen gesünderen Körper haben). Wenn Sie das zukünftige Ziel nicht stark genug herbeisehnen, wird Ihre Willenskraft immer den Kürzeren ziehen. Es ist also sehr wichtig, dass Sie Ihre Ziele weise wählen.

Ich habe Ihnen versprochen, auch meine verletzliche Seite mit Ihnen zu teilen. Daher erzähle ich Ihnen eine persönliche Herausforderung, bei der meine Willenskraft ganz schön gefordert war. Ich hatte mir angewöhnt, jeden Abend ein Glas Wein (oder zwei) zu trinken. Ich lebte den ganzen Tag gesund. Und dann kam der Abend und ich sehnte mich nach einem schönen Glas Wein. Es war zu einer Gewohnheit geworden und wie wir schon erwähnt haben sind Gewohnheiten schwer loszuwerden. Trotzdem war ich überrascht über meine fehlende Willenskraft. Ich merkte, dass mein Willenskraftmuskel am Abend komplctt kraftlos geworden war. Ich bin diese Gewohnheit jetzt weitestgehend losgeworden. Ich musste meine Einstellung ändern und mich ein wenig ausgeruhter fühlen. Ich fand heraus, dass ich, wenn ich mich mit einer Tasse Tee hinsetze und eine Minute ruhe, bevor der Abend mit Kochen, Saubermachen und Hausaufgaben losgeht, viel besser auf einen alkoholfreien Abend vorbereitet bin. Statt mir ein Glas Wein zu nehmen schlürfe ich jetzt Kombucha aus einem Weinglas.

Vor Jahren schon las ich ein tolles Buch mit dem Namen *Der Marshmallow-Test: Willensstärke, Belohnungsaufschub und die Entwicklung der Persönlichkeit* von Walter Mischel. In den frühen Sechzigern macht Mischel ein Experiment mit Kindern im Kindergarten der Stanford Universität. Die Forscher erklärten den Kindern, dass sie entweder sofort einen Marshmallow bekommen könnten oder mehr als einen Marshmallow zu einem späteren Zeitpunkt. Die Kinder wurden mit einem Marshmallow direkt vor ihrer Nase allein gelassen. Reine Folter, oder? Die Kinder, die es schafften, zu warten, lenkten sich selbst mit einer Reihe kreativer Tätigkeiten ab. Die Kinder, die aufgaben, waren total gestresst und konzentrierten sich nur auf den Marshmallow vor ihnen. Mischel beobachtete diese Kinder noch fünfzig weitere Jahre lang und fand etwas Faszinierendes heraus. Die Kinder, die es schafften, die Belohnung aufzuschieben, zeigten ihr ganzes Leben lang mehr Willenskraft. Sie wogen auch weniger, wurden seltener geschieden und hatten bessere Studienergebnisse.

Wenn Sie diesen Abschnitt überflogen und dabei gedacht haben „Vielleicht habe ich einfach nicht die richtigen Gene, um willensstärker zu sein, was kümmert mich das alles", dann hören Sie jetzt zu: Mischel fand heraus, dass man Willenskraft erlernen kann! Als Mütter müssen wir Rollenvorbilder für Willenskraft (oder Belohnungsaufschub) sein, um sie unseren Kindern beizubringen.

FÜNF WISSENSCHAFTLICH ERWIESENE WEGE FÜR MEHR WILLENSKRAFT

1. **Finden Sie einen Verantwortlichkeitspartner.** Es ist einfacher, Erfolg zu haben, wenn Ihr Partner, ein Freund oder Team dieselben Ziele hat wie Sie. McGonigal hat herausgefunden, dass Willensstärke ansteckend ist. Umgeben Sie sich mit anderen erfolgreichen Menschen.

2. **Gönnen Sie sich einen gesunden und leckeren Snack.** Halten Sie den Blutzuckerspiegel im Gehirn stabil.

3. **Guter Schlaf.** Die Willenskraft ist nach dem Schlafen am stärksten. Das gilt auch für ein Schläfchen zwischendurch.

4. **Meditieren Sie oder schreiben Sie Tagebuch.** Tun Sie etwas, das Ihnen hilft, sich zu entspannen.

5. **Seien Sie erfolgreich.** Wenn Sie etwas in Minischritten durchführen und dabei einen Erfolg erleben, bleibt Ihr Gehirn auf Kurs.

Wir werden so wütend auf uns selbst, wenn wir nicht die nötige Willenskraft aufbringen. Aber uns fehlt nicht der Wille. Es ist unser Gehirn, das noch nicht richtig funktioniert. Das ist alles Wissenschaft! Sie können Ihr Gehirn dazu bringen, Sie in Ihrem Vorhaben zu unterstützen, wenn Sie es richtig trainieren. Überlegen Sie, was Ihnen am wichtigsten ist. Ernähren Sie sich richtig. Vermeiden Sie Stress. Machen Sie Minischritte in Richtung Ihres Ziels. Wenn Sie vom Weg abkommen, gehen Sie einfach wieder zurück. Das ist machbar!

Machen Sie sich nicht selbst runter. Wenn Sie einen negativen Gedanken über sich selbst haben, halten Sie inne und lenken Sie Ihre Gedanken bewusst in eine andere Richtung. Wo ein Wille ist, ist auch ein Weg. Sie haben beides. Und wenn Ihre Kinder sehen, dass Sie beides haben, dann werden auch sie ihren Willen und ihren Weg finden.

SIE SIND IHRE BESTE KUNDIN. MACHEN SIE WERBUNG!

Wenn Sie denken, dass Willenskraft und Hirntraining nur etwas mit Zähne zusammenbeißen und Durchpowern zu tun hat, dann habe ich hier eine Herausforderung für Sie. Arbeiten Sie auf sanftere Art und Weise mit Ihrem Gehirn zusammen. Machen Sie Werbung. Genau, Sie haben mich richtig verstanden.

Werbetreibende geben Milliarden Dollar aus, um Ihnen ihre Nachrichten zu zeigen. Sie lassen Sie auf Ihrem Handy, Ihrem Computer, Ihrem Fernseher, als Leuchtreklame und in Ihren Textnachrichten aufleuchten. Wieso tun sie das? Weil es funktioniert. Sie können Leute dazu bekommen, zu glauben, dass ein bestimmtes Auto sie cool oder ein bestimmter Cocktail sie sexy macht. Wieso machen Sie also nicht auch ein bisschen Werbung für sich selbst? SIE können doch viel besser kontrollieren, worauf Sie Ihren Blick richten, als die Werbefirmen. Wie oft schauen Sie sich die Innenseite der Badezimmertür an? Das Armaturenbrett Ihres Autos? Oder Ihren Computerbildschirm? Ich schlage vor, Sie entscheiden selbst, was Sie Ihrem Gehirn zeigen wollen. Drucken Sie Ihre Lieblingszitate, -bilder oder -gedichte aus und hängen Sie sie dort auf, wo Sie sie immer wieder sehen. Erinnern Sie sich noch an die Pfade in Ihrem Gehirn? Sie entscheiden selbst, welche Gedanken Wege in Ihr Gehirn schlagen dürfen und auf welchen Sie wandeln wollen. Machen Sie Werbung – mit sich selbst als Ihrer besten Kundin. So werden Sie stets positive Pfade schaffen.

Was auf der Rückseite meiner Badezimmertür hängt? Das Bekenntnis der Vereinigung *Optimists International*. Und das liest sich so:

Das Optimistische Bekenntnis

Versprechen Sie sich selbst

So stark zu sein, dass nichts Ihren inneren Frieden zerstören kann.

Jeder Person, die Sie treffen, Gesundheit, Glück und Wohlstand zu bringen.

Alle Ihre Freunde spüren zu lassen, dass sie etwas ganz Besonderes sind.

Sich bei allem auf die Sonnenseite zu konzentrieren und Ihren Optimismus auszuleben.

Nur an das Beste zu denken, für das Beste zu arbeiten und das Beste zu erwarten.

Sich genauso über den Erfolg anderer zu freuen, wie Sie sich über Ihre eigenen Erfolge freuen.

Die Fehler der Vergangenheit zu vergessen und auf größere Erfolge in der Zukunft hinzuarbeiten.

Immer einen fröhlichen Gesichtsausdruck aufzusetzen und allen Lebewesen, die Sie treffen, ein Lächeln zu schenken.

So viel Zeit darauf zu verwenden, selbst immer besser zu werden, dass Sie keine Zeit dafür haben, andere zu kritisieren.

Zu groß für Sorgen, zu nobel für Wut, zu stark für Angst und zu glücklich zu sein, um die Anwesenheit von Problemen zuzulassen.

Monatsaufgabe

Mai:

Leiten Sie Ihre Gedanken um, wann immer Ihr innerer Gremlin zu Ihnen spricht. Lassen Sie den Gedanken zu einem positiven „Ich kann das"-Gedanken werden.

Streben Sie nicht weiter nach Perfektion. Streben Sie danach, besser zu werden als gestern. Gehen Sie nicht einfach nur durch dieses Jahr hindurch. Wachsen Sie durch es!

Kapitel 6

Stärken Sie Ihre Führungsqualitäten

Dieses Kapitel ist das Ergebnis meiner Aha-Momente zu Müttern und Management. In den letzten zwanzig Jahren bin ich völlig in das Studium sowohl der Mutterschaft als auch des Führungsmanagements eingetaucht. Aber erst vor Kurzem habe ich verstanden, wie eng miteinander verbunden beide sind. Ich studiere Führungsmanagement, um mein Unternehmen weiterzubringen, aber mir ist klar geworden, dass das, was ich dabei lerne, auch die Art und Weise beeinflusst, in der ich mit meiner Familie interagiere.

In diesem Kapitel möchte ich mit Ihnen ein paar Weisheiten einiger der für mich bedeutendsten Führungspersönlichkeiten teilen, um Ihnen zu zeigen, wie kraftvoll und hilfreich diese Konzepte auch für Mütter sein können.

Was ist Führungsmanagement?

Der Duden definiert das Wort „Führung" unter anderem als „verantwortliches Leiten". Im weitesten Sinne ist eine Führungsperson jemand, der Leute zusammenbringt und ihnen hilft, ein gemeinsames Ziel zu erreichen. Jeder kann anderen auftragen, dies oder das zu tun. Aber effektive Führung ist viel mehr als das Verteilen von Aufgaben. Es gibt eine breite Debatte darüber, wie gutes Führungsmanagement eigentlich aussehen soll. Die meisten sind sich einig darin, dass eine gute Führungsperson ihre Schützlinge inspirieren sollte.

Aber warten Sie mal, ist das nicht auch das, was wir als Eltern wollen? Eben, sage ich ja. Unsere effektivsten und brillantesten Momente als Mütter sind, wenn wir davon zurücktreten können, einfach nur Aufgaben zu verteilen, um die Aktivitäten und die Aufmerksamkeit unserer Kinder zu lenken, und stattdessen vortreten und unsere Kinder inspirieren können. Wenn wir Ihnen helfen zu lernen und sowohl innerlich als auch äußerlich zu wachsen.

Ihre Führungsposition in der Familie

Wieso interessieren mich diese Führungsprinzipien so? Zum einen wegen meiner Firma, aber auch, weil ich gemerkt habe, dass sie mir helfen, eine stärkere und bessere Mutter zu werden. Manchmal kommt es Ihnen vielleicht vor, als würde die Mutterrolle nur putzen, kochen, saubermachen und vielleicht noch Arbeit außer Haus bedeuten. Aber eigentlich haben wir in unserer Familie eine Führungsposition inne.

Was würde passieren, wenn Sie nicht da wären?
Was würde ohne Ihren Einfluss aus Ihren Kindern werden?
Was würde ohne Ihre Anleitung erledigt werden?

Sehen Sie? Sie sind eine richtige Führungsperson. Ich denke sogar, dass Sie Ihre Rolle als Mutter noch mehr genießen werden, wenn Sie sich klar darüber werden, welchen Einfluss Sie auf Ihre Familie haben.

Es gibt allerdings einen entscheidenden Unterschied dazwischen, der Familienvorstand zu sein oder aber Vorstand einer Firma. Als CEO in meinem Unternehmen besteht eine meiner wichtigsten Aufgaben darin, die richtigen Leute einzustellen. Als Mütter können wir uns unsere Kinder nicht aussuchen. Sie sind, wie sie sind, und wir können sie nicht einfach ersetzen. Aber was wir tun *können*, ist, sie so zu erziehen, dass sie die beste Version ihrer selbst werden.

> Ein guter Anführer ist jemand, der den Weg kennt,
> den Weg geht und den Weg zeigt.
>
> —JOHN MAXWELL

Welche Stärken helfen Ihnen, die Anführerin Ihrer Familie zu sein?

_____

_____

_____

_____

Ich erwarte gar nicht, dass Sie sich jetzt alle Podcasts, Bücher und Interviews zu Gemüte führen, die ich mir angeschaut und angehört habe. Daher stelle ich Ihnen hier kurz ein paar meiner liebsten Lektionen von Führungspersonen vor und helfe Ihnen, die Verbindung zu Ihrem eigenen Leben herzustellen.

ARIANNA HUFFINGTON

Sie ist die Mitgründerin und frühere Chefredakteurin von *The Huffington Post* sowie Autorin mehrerer Bücher, einschließlich eines meiner liebsten: *Die Neuerfindung des Erfolgs: Weisheit, Staunen, Großzügigkeit – was uns wirklich weiterbringt*. Arianna sagt, dass die alte Definition von Erfolg einfach nur Geld und Macht waren.

„Aber das ist wie ein Stuhl mit nur zwei Beinen, irgendwann fallen Sie da runter." Und das ist Huffington auch tatsächlich. Sie brach zusammen. Sie definierte eine dritte Messlatte, als Wohlfühlen, Weisheit und Wunder.

Was sind Ihre beiden Stuhlbeine? Ein Haus, das man gut auf Pinterest vorzeigen kann und perfekte Kinder? Vielleicht müssen Sie Erfolg für sich und Ihre Familie neu definieren. Vielleicht haben Sie sich zu sehr an Messlatten wie ein sauberes Zuhause, ein bestimmtes Gewicht auf der Waage oder unrealistische Erwartungen an eine perfekte Lebensbalance gebunden.

Wie sieht es damit aus, wie Sie sich Erfolg für Ihre Kinder vorstellen? Sind Ihre Messlatten für den Erfolg Ihres Nachwuchses nur Dinge wie ein aufgeräumtes Zimmer, gute Noten und super im Sport zu sein? Wie steht es mit Kreativität, Glück und Gesundheit? Vielleicht ist es an der Zeit, sich mehr darauf zu konzentrieren. Es liegt an uns als Anführerinnen unser Familie, den Grundstein für diese neue Definition von Erfolg zu legen.

Wie definieren Sie Erfolg im Leben momentan?
1. _____
2. _____
3. _____

Ist das realistisch? Nutzen Ihnen diese Definitionen? Welche neuen Definitionen könnten Sie vielleicht finden?
1. _____
2. _____
3. _____

OPRAH WINFREY UND IHRE HINDERNISSE

Über großartige Führungspersönlichkeiten kann ich gar nicht sprechen, ohne auf Oprah Winfrey zu kommen. Die Lektion, die ich von Oprah gelernt habe, ist das Überwinden von Hindernissen. Oprah kommt aus einer armen Familie. Sie wurde sowohl körperlich als auch sexuell misshandelt. Mit vierzehn Jahren hatte sie eine Totgeburt. Ihr wurde gesagt, dass sie niemals eine Karriere im Fernsehen haben würde. Und doch ist sie zu einer der erfolgreichsten Persönlichkeiten unserer Zeit geworden. Oprah hat über die Hindernisse triumphiert.

Was bringen wir unseren Kindern darüber bei, wie man mit Hindernissen umgeht? Wir sollten Berichte über Personen, die ihre Schwierigkeiten in Chancen verwandelt haben, mit ihnen teilen. Es liegt in der menschlichen Natur, stets den einfachsten Weg zu gehen. Aber der einfache Weg führt uns nicht oft dahin, wo wir hinwollen. Ich wette, dass Sie sich einige der wertvollsten Dinge und Erfahrungen in Ihrem Leben erst erkämpfen mussten. Wir tun unseren Kindern keinen Gefallen, indem wir ihnen jeden Weg ebnen. Dazu müssen wir keine Probleme aus dem Nichts schaffen. Schwierige Situationen ergeben sich andauernd und von ganz allein. Aber wir müssen unsere Kinder nicht ständig vor dem Sturm beschützen. Bringen Sie ihnen bei, hindurchzugehen.

Schreiben Sie einige Dinge auf, die in Ihrem Leben nicht einfach waren. Was haben Sie daraus gelernt? Haben Sie Ihren Kindern davon erzählt?

_____

_____

_____

SHERYL SANDBERG

Sheryl Sandberg ist eine weitere Führungsperson, die Sie vielleicht kennen. Sie ist COO von Facebook und Autorin des Buches *Lean In: Frauen und der Wille zum Erfolg.* Sheryl war Nummer sechzehn auf der Liste der „50 Most Powerful Women in Business" der Zeitschrift Fortune. Trotz alldem habe ich gezögert, sie in diese Liste hier aufzunehmen, denn ich bin nicht wirklich ein Fan von ihrem Buch. Ich habe das Gefühl, sie fordert Frauen dazu auf, mehr wie Männer aufzutreten, um voranzukommen. Trotzdem denke ich, es hat auch ein paar wichtige Lektionen für Mamas. Das alte „Warte nur, bis dein Vater zu Hause ist" positioniert Sie nun mal nicht effektiv als Anführerin Ihrer Familie.

Als Mütter müssen wir als Rollenvorbild für unsere Kinder taffer werden. Sie sollten zum Beispiel sehen, wie wir im Beruf, in unseren Beziehungen und unserem Leben einfordern, was wichtig für uns ist. Unsere Kinder müssen sehen, wie wir in Worte fassen, was wir für uns selbst brauchen und erwarten. Zeigen Sie Ihren Kindern zuhause, wie man um Hilfe bittet. Wir müssen unseren Kindern zeigen, taff zu sein, ihre Stimmen und ihre Stärke zu nutzen und ihre Ziele zu verfolgen.

Es ist verlockend, alles für unsere Kinder zu erledigen, aber wir tun ihnen damit wirklich keinen Gefallen. Unsere Aufgabe als Eltern ist es, ihnen beizubringen, auf sich selbst aufpassen zu können, und nicht, sie ständig vor allem zu beschützen. Ich habe eine Freundin, deren Tochter im Restaurant ihr Essen nicht selbst bestellen wollte und ihre Mutter darum bat. Meine Freundin sagt ihrer Tochter freundlich aber bestimmt, dass sie nichts essen würde, wenn sie nicht für sich selbst sprach. Hart? Vielleicht. Aber ich nehme mal an, dass ihre Tochter zu einer Frau heranwachsen wird, die selbstbewusst und klar und deutlich den Mund aufmacht.

Ermutigen Sie Ihre Kinder, ihre Stimme zu nutzen (natürlich respektvoll). Bringen Sie ihnen bei, um das zu bitten, was sie wollen – und auch zu akzeptieren, wenn Sie Nein sagen. Wenn Sie können, sagen Sie Ja, damit die Kinder sehen, dass es etwas bringt, nachzufragen.

Wo sind Sie taff in Ihrem Leben?

_____

_____

_____

_____

In welchem Bereich wünschen Sie sich Ihre Kinder taffer?

_____

_____

_____

_____

BRENÉ BROWN ZUR VERLETZLICHKEIT

Brené Brown ist eine Professorin, die sich auf das Studium von Verletzlichkeit, Mut, Wertgefühl und Scham spezialisiert hat. Ihre Bücher *Verletzlichkeit macht stark* und *Laufen lernt man nur durch Hinfallen* waren im englischen Original Nummer 1 auf der Bestseller-Liste der New York Times. Und ihren TED Talk zum Thema Verletzlichkeit müssen Sie sich unbedingt anschauen – oder anhören (siehe Seite 220).

Brown glaubt, dass „Führungsmanagement nichts mit Position, Gehalt oder der Anzahl der Untergebenen" zu tun hat. Vielmehr glaubt sie, dass „ein Anführer jemand ist, der oder die sich dafür verantwortlich fühlt, Potenzial in Personen und Prozessen zu finden". Das Potenzial in Personen finden. Ich wünschte, das könnte die neue Definition von Mutterschaft werden. Ist das nicht genau das, was wir tun? Das Potenzial in unseren Kindern sehen?

> Verletzlichkeit ist in der Tat die Grundlage schwieriger Emotionen, aber sie ist auch der Geburtsort von Liebe und Zugehörigkeit, Freude, Kreativität und Innovation, Anpassungsfähigkeit an Veränderungen und Verantwortungsgefühl – die Erfahrungen, die unserem Leben eine Aufgabe und einen Sinn verleihen.
>
> —BRENÉ BROWN

Ich denke, Verletzlichkeit könnte ein großer Teil von dem sein, was in der Mutterschaft fehlt. Wir setzen eine Maske auf und tun so, als wäre alles in Butter. Wir sind stoisch für unsere Kinder. Ich denke, es ist wichtig, dass wir starke Führungspersönlichkeiten sind, aber das bedeutet nicht, keine Verletzlichkeit zu zeigen.

Verletzlichkeit ist für viele Menschen ein sehr schweres Thema. Und doch ist sie die Grundlage dafür, wie wir miteinander in Verbindung treten. Verletzbarkeit wird einem nirgendwo beigebracht. Es liegt an uns Müttern zu zeigen, wie man sie auslebt.

Ihre Familie wird darauf reagieren, wenn Sie ihr Ihre Bedürfnisse mitteilen und um Hilfe bitten, bevor Sie explodieren. Verletzlichkeit zu zeigen ist kein Zeichen von Schwäche! Es braucht Mut und Stärke, unserem wahren Ich zu erlauben, jeden Tag zum Vorschein zu kommen. Ich zeige meine Verletzlichkeit, indem ich zugebe, dass ich manchmal nicht weiß, ob ich als Mutter oder Ehefrau gute Arbeit leiste. Ich sage es nicht, um mich zu beschweren. Ich teile es ihnen mit, um in Verbindung zu treten und die Wahrheit zu sagen.

Brown sagt übrigens, dass sie nichts auf Erziehungsexperten gibt, da man auf Millionen Wege tolle Kinder erziehen kann. Ihre Nachricht ist: Seien Sie so, wie Sie Ihre Kinder gerne sehen würden. Hmmm, klingt bekannt, oder?

Wie zeigen Sie Ihrer Familie gegenüber Verletzlichkeit?

_____

_____

_____

_____

_____

War das hilfreich? Wo könnten Sie noch mehr Verletzlichkeit zeigen?

_____

_____

_____

_____

_____

TONY ROBBINS – ANDEREN ZUR GROSSARTIGKEIT VERHELFEN

Wer von Ihnen meinen Blog und meinen Podcast kennt, weiß, dass Tony Robbins mein erster war. Also, das heißt natürlich die erste Person, deren Veröffentlichungen ich folgte, um mehr über persönliche Entwicklung und Führungsstil zu lernen! Tony glaubt, dass die ultimative Definition einer Führungspersönlichkeit ganz einfach jemand ist, der „andere dazu inspiriert, mehr ihr wirkliches Selbst zu sein".

Robbins sagt, dass ein wahrer Anführer die Großartigkeit hervorbringt, die in jedem Menschen schlummert, und dabei hilft, sie auch umzusetzen. „Anführer beeinflussen sich selbst und andere so, dass sie mehr tun, sind, geben und bekommen, als sie jemals für möglich gehalten hätten", sagt er. Das ist das Geschenk, das wir uns selbst machen und an unsere Kinder weitergeben können. Wir sollten sie nicht einfach als unsere Spiegelbilder erziehen. Wir sollten sie an die Großartigkeit heranführen, die in ihnen selbst steckt, indem wir ihnen Beispiele dafür geben, wie wir zu unserer eigenen Großartigkeit finden.

Wir sind alle großartig. Vielleicht sehen Sie es als Ihr Talent oder Ihre Stärke. Vielleicht sind Sie eine tolle Köchin oder Organisatorin von Spendenaktionen. Ich bin eine tolle Träumerin, eine Ideen-Person. Meine Kinder sehen, wie ich meine Träume wahr werden lasse, wenn ich über meine Ideen für Podcasts, Bücher und neue Programme spreche.

Ich spreche auch über Rückschläge und hoffentlich sehen sie, wie ich wieder hochkomme. Sie sehen, wie ich Gelegenheiten ablehne, die vielleicht gut fürs Geschäft wären, aber schlecht für die Familie. Ich kann nur hoffen, dass es sie dazu inspiriert, in sich selbst Großartiges zu finden.

Sogar während ich dieses Buch schreibe, bin ich mir bewusst, dass es schwierig ist, die eigene innere Großartigkeit anzunehmen. Was soll an mir schon so Tolles sein? Naja, wie Marianne Williamson sagte, wieso sollte nichts Tolles an mir sein?

„Unsere am tiefsten verwurzelte Angst ist nicht, nicht dazuzuge-
hören. Unsere schlimmste Angst ist, dass wir unglaublich kraftvoll
sind. Es ist unser Licht, nicht unsere Dunkelheit, das uns am meis-
ten Angst einjagt. Wir fragen uns: ‚Was sollte an mir schon brillant,
wahnsinnig toll, talentiert und fabelhaft sein?' Aber ich frage viel-
mehr: ‚Wieso sollte es das nicht?' Sie sind ein Kind Gottes. Sich selbst
herunterzuspielen hilft der Welt nicht weiter. Es liegt keine Erleuch-
tung darin, uns klein zu machen, damit andere sich in unserer
Gegenwart nicht unsicher fühlen. Wir sind alle darauf ausgelegt zu
leuchten, genauso wie Kinder. Wir wurden als Beweis für den Glanz
Gottes geboren, der in uns scheint. Er ist nicht nur in einigen von uns,
sondern in uns allen. Und wenn wir unser eigenes Licht leuchten las-
sen, erteilen wir anderen unbewusst die Erlaubnis, das auch zu tun."
—Marianne Williamson: Rückkehr zur Liebe: Harmonie, Lebens-
sinn und Glück durch „Ein Kurs in Wundern"

Worin liegt Ihre innere Großartigkeit?

_____

_____

_____

_____

Einige sagen vielleicht, man muss als hervorragende Führungspersön-lichkeit geboren werden oder eben nicht, aber denen stimme ich nicht zu. Ich glaube, dass man das Anführen lehren kann und dass wir alle, mit ein bisschen Übung, zu hoch effektiven Anführern werden können. Ich hoffe, Sie nehmen sich das zu Herzen und Sie sehen das Potenzial für Großartigkeit als Führungspersönlichkeit in sich selbst.

Eine Anführerin* ist am besten, wenn die Leute sie kaum bemerken. Wenn ihre Arbeit getan, ihr Ziel erreicht ist, werden sie sagen: Wir haben es selbst geschafft.

—LAOTSE

*Das Original verwendet die männliche Form.

Wie aus Mamas großartige Anführerinnen werden

Ein so wichtiges Thema schreit geradezu nach einer praktischen Liste. Sieben Tipps für Familienanführerinnen:

1. Definieren Sie, wie Erfolg für Sie aussieht. In meiner Familie geht es darum, es so gut wie möglich zu versuchen, nicht darum, immer der Beste zu sein. Was bedeutet Erfolg für Sie? Kennt Ihre Familie diese Definition?

2. Beschützen Sie Ihre Kinder nicht vor Rückschlägen. Bringen Sie Ihnen bei, wieder aufzustehen, wenn sie hinfallen.

3. Haben Sie keine Angst davor, anzuführen. Wenn Sie sagen „Warte nur, bis dein Vater heim kommt", schwächt das Ihre eigene Position in der Familie.

4. Bringen Sie Ihren Kindern bei, taff zu sein, ihre Stimme einzusetzen und für das einzustehen, was sie wollen.

5. Lassen Sie Ihre Kinder teilhaben, wenn Sie Ziele für die Familie setzen und Pläne schmieden. Lassen Sie sie sehen, dass Ergebnisse von harter Arbeit und guter Planung kommen.

6. Haben Sie keine Angst, sich vor Ihren Kindern verletzlich zu zeigen.

7. Helfen Sie Ihren Kindern, ihre eigene innere Großartigkeit zu finden.

Monatsaufgabe

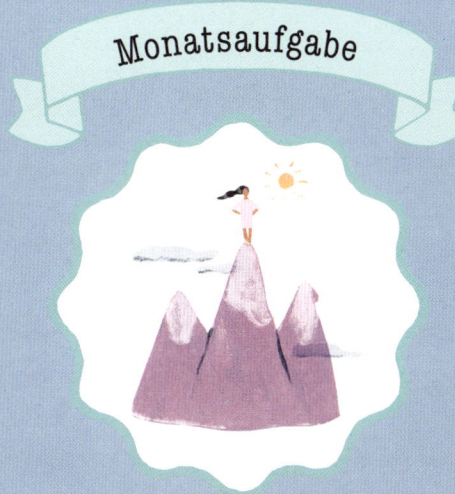

Juni:

Listen Sie auf, wie Sie als Mama Führungsqualitäten zeigen. Suchen Sie sich noch ein weiteres Führungsattribut aus, das Sie diesen Monat gerne einüben möchten.

Streben Sie nicht weiter nach Perfektion. Streben Sie danach, besser zu werden als gestern. Gehen Sie nicht einfach nur durch dieses Jahr hindurch. Wachsen Sie durch es!

Kapitel 7

Gesunde Ernährung für Sie und Ihre Familie

Bisher haben wir uns Ihre Gedanken und Ihre Führungsposition innerhalb der Familie näher angesehen. Jetzt widmen wir uns etwas, das genauso wichtig ist, aber leicht ignoriert wird. Ihr Gehirn ist Teil Ihres physischen Körpers. Was Sie essen, beeinflusst Ihr Gehirn und Ihren ganzen Körper. Amerika ist die Fast-Food-Nation schlechthin, Übergewicht und Diabetes sind hier wahre Epidemien. Vielleicht ist es bei Ihnen ähnlich? Es ist an der Zeit, darauf zu achten, wie wir Nahrung und Essenszeiten in unseren Familien nutzen.

Gute Ernährung ist ein Treibstoff für ein glückliches und gesundes Leben. In diesem Kapitel stelle ich Ihnen Informationen und Übungen zur Verfügung, die Sie auch mit Ihren Familienmitgliedern machen können.

Warum gesundes Essen wichtig ist

Bisher habe ich viel über die Rolle Ihrer Gedanken und Entscheidungen für Ihre allgemeine Gesundheit und die Führung Ihrer Familie gesprochen. Worüber wir meistens nicht so viel nachdenken, ist unser Gehirn. Ihr Gehirn ist ein physischer Teil Ihres Körpers, und was Sie essen, ist wichtig für Ihre körperliche und geistige Gesundheit.

Vielleicht würden Sie denken, dass ich zuerst über Bewegung und dann über Essen sprechen würde, da ich ja Fitness-Coach bin. Aber so ist es nicht. Wussten Sie, dass 80 % Ihrer Gesundheit auf Ihrer Ernährung beruhen? Okay, ich gebe es zu, ich habe nicht wirklich eine Quelle gefunden, die das bestätigt. Aber ich wette, es ist wahr!

Wenn Sie sind, was Sie essen, was sind Sie dann? Was sind Ihre Kinder? Besteht Ihre Tochter aus Crackern und Chicken Nuggets? Und Ihr Sohn aus Pommes und Hamburgern? Und Sie bestehen aus Diät-Shakes und Fast-Food? Hoffentlich nicht, aber fühlen Sie sich nicht schlecht, falls es doch so ist. Wir leben in einer Fast-Food-Welt mit vorgefertigten, verpackten Produkten. Das meiste von dem, was wir essen, ist nicht einmal wirklich ein Nahrungsmittel. Ich fordere meine Kundinnen dazu heraus, einen ganzen Tag lang nichts Vorgefertigtes zu essen, und einige waren geschockt darüber, wie schwierig das war.

Fühlen Sie sich wirklich gesund? Lebendig? Blühend? Oder sind Sie nur nicht krank? Nicht krank bedeutet nicht gesund. Sie können sich Gesundheit durch eine ausgewogene, vollwertige Ernährung sichern.

Was meine ich mit vorgefertigtem Essen? Wenn Sie Äpfel in Scheiben schneiden und dann backen, sind sie dann vorgefertigt? Nein. Vorgefertigte Nahrungsmittel sind Nahrungsmittel, die chemisch behandelt sind und aus künstlich hergestellten oder veränderten Zutaten bestehen. Ein gebackener Apfel ist also vollwertig; ein Apfelsnack mit haufenweise Konservierungsstoffen ist vorgefertigt.

Wieso sind vollwertige Nahrungsmittel so wichtig? Wenn Sie ein vollwertiges Nahrungsmittel essen, weiß Ihr Körper genau, wie er es verdauen muss. Wenn Sie vorgefertigte Nahrungsmittel essen, hat Ihr Körper keine Ahnung, wie er mit der chemischen Invasion umgehen soll. Meine Freundin Leah Segedie, Gründerin von *Mamavation*, nennt das sogar CSS – einen chemischen Shitstorm (entschuldigen Sie den Ausdruck). Verarbeitete Nahrungsmittel machen Menschen nicht nur dick, sie verursachen auch haufenweise Krankheiten.

Ein Beispiel: Nehmen wir einmal an, ich sehe eine Banane auf meiner Küchenzeile. Ich habe Hunger, also beschließe ich, sie zu essen. Es handelt sich um ein perfektes Nahrungsmittel, das sogar seine eigene Verpackung hat. Ich genieße die Banane. Mein Hunger ist gestillt. Nehme ich mir noch eine Banane? Wahrscheinlich nicht. Noch nie in meinem Leben habe ich mich an Bananen überfressen. Aber schauen wir uns jetzt ein anderes Szenario an. Ich entscheide mich dafür, eine Tüte Chips aufzumachen. Sie schmecken super. Ich will mehr, also esse ich die ganze Tüte auf oder nehme mir noch etwas anderes. Unser natürlicher Instinkt wird unterbrochen, wenn wir vorgefertigte Lebensmittel zu uns nehmen. Wir merken nicht, wann wir satt sind und oft sind diese Lebensmittel sogar darauf ausgelegt, uns mehr wollen zu lassen. Schauen Sie jetzt mal in Ihren Vorratsraum. Ich würde wetten, dass 70 Prozent Ihrer Lebensmittel in irgendeiner Weise vorgefertigt sind. Lesen Sie weiter und schauen Sie auf Seite 221 nach, wo ich einige Filme zum Thema gesunde Ernährung empfehle.

VORSICHT BEI DIESEN ZUTATEN

Ich werde die Gefahren einiger verarbeiteter Lebensmittel hier erläutern. Ich hoffe, Sie lesen sie sich durch und ziehen in Erwägung, sie vom Ernährungsplan Ihrer Familie zu streichen oder zu reduzieren.

Farbstoffe und Konservierungsstoffe: Viele Farb- und Konservierungsstoffe wurden mit Autismus, ADHS, Ekzemen, Kopfschmerzen, Übergewicht, Krebs und Hyperaktivität in Verbindung gebracht.

Transfette: Auch bekannt als Transfettsäuren. Man findet sie in hydriertem Öl und sie entstehen dadurch, dass man Pflanzenöl ein Wasserstoffatom hinzufügt, um es haltbarer zu machen. Transfette finden sich in Gebackenem, Frittiertem, Tiefkühlteig, Kaffeesahne und

Margarine. Wir wissen, dass sie Ihr LDL (schlechtes Cholesterin) an-
steigen und das HDL (gutes Cholesterin) sinken lassen.

Zucker: Zucker ist wahrscheinlich die schlechteste Zutat in unserer
modernen Ernährung. Er ist kalorienreich, verfügt aber über absolut
NULL Ernährungsnutzen und kann sich negativ auf Ihren Stoffwech-
sel auswirken und zu zahlreichen Erkrankungen beitragen. Wenn Zucker in Ihren Blutkreislauf gelangt, wird er in Fruktose und Glukose
aufgespalten. Fruktose kann nur in der Leber verstoffwechselt werden,
und wenn Sie zu viel Zucker essen, kann das Ihre Leber überlasten,
was sie dazu zwingt, Zucker in Fett umzuwandeln. Wenn Sie das
immer weiter tun, kann das zu einer Fettleber führen. Zucker kann
auch zu einer Insulinresistenz führen – der erste Schritt in Richtung
von Diabetes oder metabolischem Syndrom. Es gibt auch beträchtliche
Hinweise darauf, dass Zucker zu Krebs führen kann.

Wenn wir das alles wissen, wieso essen wir dann überhaupt Zucker? Weil er süchtig macht. Zucker bewirkt eine Dopamin-Reaktion,
ähnlich wie Freizeitdrogen. Wie viel Zucker sollten Sie essen? Die
American Heart Association empfiehlt ein Maximum von 25 Gramm
zusätzlichem Zucker (6 Teelöffel) am Tag. Vergleichen Sie das mal mit
den 76 Gramm Zucker, die der Durchschnittsamerikaner am Tag isst.

**Maissirup mit hohem Zuckergehalt (High-Fructose Corn Syrup,
HFCS):** Der Durchschnittsamerikaner nimmt jährlich etwa 60 Pfund
HFCS zu sich. Kein Zufall, dass wir die höchsten Raten an Übergewicht
und Diabetes haben, die es jemals gab, oder? Die *Corn Refiners Association*, die den Maissirup produziert, will uns davon überzeugen, dass er
dasselbe ist wie natürlicher Zucker. Aber biochemisch gesehen stimmt
das einfach nicht. Glukose und Fruktose sind im Sirup aufgeteilt, so –
dass Fruktose direkt an Ihre Leber gesendet wird. Er enthält Quecksil-
ber, und er kann zu Fettleber und verschiedenen Verdauungsproblemen
führen. Wieso benutzt man HFCS? Um Produkte süßer und billiger in
der Herstellung zu machen. HFCS ist praktisch in allen vorgefertigten
Lebensmitteln und süßen Getränken enthalten. Schmeißen Sie am besten alle Nahrungsmittel mit HFCS weg.

Seien Sie vorsichtig: Alle folgenden Zutaten, die sie auf Nahrungsmitteletiketten sehen, sind Zucker.

- Rohrzucker
- Maissirup
- Kristalline Fruktose
- Dextrose
- Verdunsteter Zuckerrohrsaft
- Fruktose
- Glukose
- Maissirup mit hohem Zuckergehalt
- Agavennektar
- Malzsirup
- Melasse
- Rohzucker
- Saccharose

Genetisch modifizierte Organismen (GMO): GMO gibt es seit tausenden von Jahren. Wir haben heute Süßkartoffeln, weil ein Bauer irgendwann herausgefunden hat, wie man die Kartoffelwurzel verändert. Landwirte „züchten" schon längst ihr bestes Getreide, um bessere Ernten zu erzielen. Über diese Techniken mache ich mir keine Sorgen.

Die GMO, die ich besorgniserregend finde, sind die, bei denen im Labor Gene von Organismen ganz anderer Spezies hinzugefügt werden. Diese GMO sind angeblich dazu gedacht, die Nutzung von Pestiziden zu verringern, Treibhausgasemissionen zu reduzieren, die Nahrungsmittelproduktion für Entwicklungsländer zu erhöhen und Nährstoffe zu beeinflussen. Klingt doch ganz gut, oder? Falsch. Es kann nachgewiesen werden, dass diese Manipulation der Natur ein ganz schönes Chaos in unserem Körper anrichtet. Würden Sie gerne Mais essen, den man auch als Pestizid benutzen kann?

Es gibt überhaupt keine Forschungen, die bestätigen könnten, dass GMO-Nahrungsmittel ungefährlich für uns sind. Wir wissen aber, dass tausende Schafe, die ein bestimmtes GMO-Getreide gegessen hatten, starben. Sagt Ihnen das nicht etwas? Viele Länder erlauben diese Lebensmittel gar nicht oder nur, wenn sie erkennbar gezeichnet sind. Nicht so hier bei uns in den Staaten. Wir sind Teil eines großen Experiments, und wir wissen überhaupt nicht, in welchen unserer Lebensmittel GMO enthalten sind. Forschungen haben Folgendes ergeben:

- Mehrere giftige Stoffe von GMOs wurden im Blut ungeborener Kinder gefunden.
- Glutenunverträglichkeit könnte mit GMO zusammenhängen.
- Studien haben einen Anstieg von Krebserkrankungen in Ratten, die GMO zu fressen bekamen, bestätigt.
- Alzheimer, Parkinson und Autismus werden mit GMO in Verbindung gebracht.

Ich weiß, das ist vielleicht hart zu hören, besonders, wenn Ihr Ernährungsplan voll mit diesen Lebensmitteln ist. Vielleicht finden Sie meine Meinung auch extrem oder zu übertrieben, aber es gibt recht viele Studien, die darauf hinweisen, dass es wirklich so ist. Aber machen Sie sich deshalb nicht verrückt: Alle zertifizierten organischen Produkte und Produkte mit einem Non-GMO Projekt-Label sind sicher. Seien Sie sich einfach nur im Klaren darüber und informieren Sie sich. Dann können Sie Minischritte in eine Richtung machen, in der Sie sich sicher fühlen. Für weitere Informationen zu GMO werfen Sie einen Blick auf die Ressourcen auf Seite 221.

Übung: Ungesunde Inhaltsstoffe

Listen Sie alle Nahrungsmittel auf, die Ihr Kind in den letzten 24 Stunden gegessen hat. Kreuzen Sie die Inhaltsstoffe an.

	GMO	HOHER ZUCKERGEHALT	TRANSFETTE
_____	❏	❏	❏
_____	❏	❏	❏
_____	❏	❏	❏
_____	❏	❏	❏
_____	❏	❏	❏
_____	❏	❏	❏
_____	❏	❏	❏
_____	❏	❏	❏
_____	❏	❏	❏
_____	❏	❏	❏
_____	❏	❏	❏
_____	❏	❏	❏
_____	❏	❏	❏

Lernen Sie die Fakten kennen

In diesem Kapitel möchte ich noch ein wenig über die Ernährung in den USA sprechen. Vielleicht sieht es in Ihrem Land ein wenig anders aus, aber es ist das, was ich kenne und kann Ihnen als Beispiel dienen. Kurz und knapp gesagt: Wir bringen unser Land um, und zwar auch auf Kosten unserer Kinder. Ich sage es nochmal: Ich bin keine Extremistin. Alles ist wahr und von wissenschaftlichen Fakten gestützt. Wir sind die erste Generation, die zu hören bekommt, dass unsere Kinder eine kürzere Lebenserwartung haben werden, als wir selbst. Amerika hat die höchste Übergewichtsrate der Welt und die nächsten auf der Liste sind Länder, die immer mehr auf amerikanische Art und Weise essen. (Schauen Sie sich die Ressourcen auf Seite 221 für weitere Informationen an.)

Der Dokumentarfilm *Fed Up. Du bist, was du isst.* von Katie Couric und Laurie David bietet ein paar interessante Fakten zur (nicht vorhandenen) Qualität unserer Lebensmittel.

+ Neunzig Prozent der Lebensmittel in unseren Supermärkten sind eigentlich gar keine Lebensmittel.
+ Kinder sehen täglich zehnmal Werbung für Lebensmittel und nichts davon ist für Obst oder Gemüse.
+ Die Lebensmittelunternehmen geben jedes Jahr 40 Millionen Dollar aus, um die Regierung in ihrem Sinne zu beeinflussen.
+ Alle Geschäfte – Tankstellen, Elektronikgeschäfte – bombardieren uns an der Kasse mit vorgefertigten Snacks.
+ Der Kongress wurde von der Nahrungsmittelindustrie dahingehend beeinflusst, keine vollständigen Angaben auf Nahrungsmitteletiketten einzuführen.
+ Hersteller von Süßungsmitteln auf Maisbasis, wie etwa Sirup mit hohem Fruktosegehalt, haben Subventionen im Wert von mehreren Milliarden Dollar erhalten.
+ Schulkantinen in ganz Amerika bieten fast nur noch Fast-Food und Limonaden an.
+ Dreiundneunzig Millionen Amerikaner haben Übergewicht.
+ Kinder kommen mit Zeugnissen nach Hause, auf denen Ronald McDonald aufgedruckt ist und ein Happy Meal verspricht.
+ Zucker wird mehr als 80 Prozent der vorverarbeiteten Lebensmittel hinzugefügt.

Bis 2050 werden ein Drittel der Amerikaner Diabetes haben. Das ist nicht in Ordnung! Als Eltern müssen wir unseren Kindern ein besseres Vermächtnis hinterlassen, als eine kürzere Lebenserwartung als ihre eigenen Eltern zu haben. Richtige Nahrungsmittel zu sich zu nehmen ist nicht elitär und es kann sogar erschwinglich sein. Lassen Sie uns einen Dominoeffekt in Gang setzen. Erkundigen Sie sich, teilen Sie die Informationen und treten Sie für Veränderung ein.

MAHLZEITEN

Gemeinsame Mahlzeiten sind nicht nur ein „nettes Extra" in Ihrer Familie; sie sind grundlegend für die Gesundheit Ihrer Familie.

Mütter bitten mich des Öfteren, mir die Ernährung ihrer Töchter anzusehen. Wenn ich sie dann um ihren eigenen Essensplan bitte, sagen Sie: „Es geht doch um meine Tochter!" Aber diese Essenspläne zeigen mir oft, dass es die Mütter sind, und nicht die Töchter, die eigentlich ein Ernährungsproblem haben. Meistens ist die Mutter auf Diät, fastet oder probiert sonst irgendein neues Ernährungsprogramm aus ... und dabei setzt sie sich kaum noch mit den Kindern an den Esstisch.

Wir müssen Vorbilder für gesunde Ernährung sein. Wir müssen Kindern zeigen, dass Nahrung Treibstoff für den Körper ist und wir das Essen und seinen Geschmack genießen.

Studien zeigen, dass Kinder, die alleine essen:

+ häufiger übergewichtig sind.
+ schlechter in der Schule sind.
+ öfter die Schule schwänzen.
+ mehr Probleme mit Drogen und Alkohol haben.

Ich sage nicht, dass das eine das andere hervorruft und vielleicht treten diese Dinge nur zufällig gemeinsam auf. Aber was ich ganz sicher weiß, ist, dass eine gemeinsame Mahlzeit eine Chance ist, mit der Familie in Kontakt zu kommen. Die größte Ausrede, um nicht gesund zu essen, ist Zeitmangel. Aber in Kapitel 3 haben wir schon das Thema Zeit gesprochen. Jetzt müssen Sie gesunde Ernährung nur noch zu einer Ihrer Prioritäten machen.

1. Planen Sie Ihre Mahlzeiten einmal in der Woche im Voraus.

2. Kaufen Sie gesunde Lebensmittel ein.

3. Nehmen Sie sich am Wochenende ein oder zwei Stunden Zeit, um einige Mahlzeiten vorzubereiten. Sie können zum Beispiel Gemüse kleinschneiden oder Hähnchen grillen.

4. Organisieren Sie einmal im Monat einen Austausch mit anderen Eltern, bei dem jeder mehrerer Portionen einer Mahlzeit zubereitet, die dann getauscht und eingefroren werden.

5. Wenn es einmal wirklich zu spät zum Kochen wird, können Sie als letzte Möglichkeit immer noch auf vorgeschnittenes Gemüse und Brathähnchen zurückgreifen, sodass Sie nicht wirklich Zeit mit Kochen verbringen müssen. Das Wichtige ist, dass Sie richtige Nahrungsmittel essen, und zwar zusammen als Familie!

Schauen Sie sich die Ressourcen auf Seite 221 für mehr Informationen zu diesem Thema an.

Es ist nie zu früh

Viele Leute würden staunen, wenn sie wüssten, wie früh der Grundstein für unsere Essgewohnheiten gelegt wird. Neue Studien zeigen, dass eine „Vorliebe" für bestimmte Nahrungsmittel schon im Mutterleib gelegt wird. Das könnte Jacobs Lieblingsessen erklären: Sushi! Aus diesem Grund ist es gut, wenn Sie schon in der Schwangerschaft gesund und abwechslungsreich essen.

Beim Stillen ist es dasselbe. Studien haben ebenfalls gezeigt, dass gestillte Babys als Kinder (und als Erwachsene) nicht so wählerisch beim Essen sind wie Babys, die Pulvermilch bekommen haben.

Viele junge Mütter geben ihrem Baby fertige Babybreie und Kindermenüs. Eine Studie mit 3000 Kindern unter zwei Jahren fand heraus, dass viele Babys und Kleinkinder schon eine Vorliebe für Hot Dogs, Pommes, Süßigkeiten und Limonaden entwickelt hatten.

Es ist ziemlich einfach, Ihre eigene Babynahrung herzustellen. Falls Ihnen das zu viel ist, gibt es aber auch tolle Hersteller von organischem Babybrei, schauen Sie danach z.B. im Drogeriemarkt oder Biokaufhaus.

VORSICHT BEIM KINDERMENÜ

Haben Sie sich die Kindermenüs im Restaurant schon einmal näher angesehen? Alles ist frittiert und voller gesättigter Fettsäuren: Chicken Nuggets, Burger und Pommes. Und da wundern wir uns, dass unsere Kinder zu dick sind. Kinder sollten vollwertige, unverarbeitete Nahrungsmittel zu sich nehmen – und Sie übrigens auch. Statt etwas aus dem Kindermenü auszuwählen, suchen Sie sich lieber ein normales Gericht aus, das Sie mit Ihrem Kind teilen können. Bestellen Sie bei Bedarf Gemüse oder eine andere gesunde Beilage dazu.

SAFT ODER KEIN SAFT? DAS IST DIE FRAGE.

Vielleicht fragen Sie sich, ob es in Ordnung ist, Ihren Kindern Saft anzubieten. Saft klingt erstmal gesund, da er aus Obst besteht. Aber denken Sie daran, dass viele Säfte einen sehr hohen Zuckergehalt haben. Saft treibt den Blutzuckerspiegel sofort hoch. Wenn Sie Ihren Kindern gerne Saft geben möchten, nehmen Sie nur hundertprozentigen Saft. Ein Glas (etwa 120 bis 180 ml) am Tag ist für Babys, Kleinkinder und Kinder unter sechs Jahren vollkommen ausreichend. Kinder ab sieben Jahren können bis zu etwa 450 ml Saft am Tag trinken. Vielleicht können Sie den Saft auch mit etwas Wasser verdünnen, um die Kalorien zu reduzieren. Aber am besten ist es, wenn Sie Ihrem Kind Milch oder Wasser geben, wenn es durstig ist und sie dann einfach richtiges Obst essen!

Was tun, wenn Ihre Familie nicht mitmacht?

Ok, jetzt sind Sie motiviert und freuen sich darauf, Ihre Ernährungsgewohnheiten umzustellen, aber Ihre Familie hat überhaupt keine Lust dazu? Eine Mutter hat mir kürzlich erzählt, dass ihr Mann kein „Vogelfutter" essen will und dass ihre Kinder auch überhaupt nicht glücklich über das gesunde Essen sind, das sie zubereitet. Was kann sie tun?

Gesundes Essen ist kein „Vogelfutter", sondern richtiges Essen. In unserem Programm *Body Back* händigen wir auch ein Begleitheft aus, in dem viele tolle Rezepte sind. Die meisten dieser Rezepte sind die, die ich auch für meine eigene Familie koche. Wichtig ist aber, dass Sie Ihre Familie nicht auf Diät setzen. Essen Sie einfach alle gesünder.

Versuchen Sie auch, Ihre Familie zu verstehen. Ihr Mann fragt sich vielleicht, warum Sie etwas ändern wollen, also zwingen Sie ihn nicht dazu, dasselbe zu essen wie Sie oder sich anders zu verhalten, wenn er dazu noch nicht bereit ist. Sagen Sie ihm aber, dass es Ihnen wichtig ist und teilen Sie ihm mit, wie er Sie unterstützen kann. Bitten Sie ihn, sie nicht dazu zu verführen, bestimmte Dinge zu essen, oder Druck auszuüben, damit Sie ungesunde Dinge auf den Tisch bringen.

Was Ihre Kinder angeht: Es ist ein Geschenk, das Sie ihnen machen, wenn Sie ihnen vollwertige Nahrung anbieten. Zwingen Sie sich nicht dazu, alles Mögliche zu essen, aber werden Sie auch nicht zu ihrem persönlichen Privatkoch. Meiner Meinung nach sollten Sie auch nur jeweils eine Mahlzeit anbieten und nicht für jeden etwas anderes zubereiten. Es kann natürlich sein, dass Sie sich ein wenig anpassen müssen, wenn jemand eine Allergie hat oder ein Gericht zu scharf ist. Aber grundsätzlich gibt es genug Optionen, die alle zu genießen lernen können. Versuchen Sie Ihre Familie für die vielen neuen Nahrungsmöglichkeiten zu begeistern. Haben Sie immer hochwertiges Essen in Ihrer Küche – und niemand wird sich fühlen, als würde ihm etwas weggenommen. Noch besser, wieso versuchen Sie nicht, das Essen zum Spaß für Ihre Kinder werden zu lassen? Ich gebe Ihnen ein paar Tipps für den Anfang.

MIT SPASS GESUND ESSEN

* Eierschneider: Kleinkinder lieben es, hartgekochte Eier in hübschen Scheiben vorgesetzt zu bekommen. Aber das ist nicht alles, was Sie mit einem Eierschneider machen können. Benutzen Sie ihn, um Erdbeeren, Pilze, Kiwi und vieles mehr in Scheiben zu schneiden.
* Kugelausstecher: Kinder lieben mundgerechte Häppchen. Benutzen Sie einen Kugelausstecher für Melonen, Papaya, Mango usw.
* Plätzchenausstecher: Mit Ihren Plätzchenformen können Sie Sandwiches ansprechender aussehen lassen. Benutzen Sie

spezielle Formen, um lustige Figuren aus dem Essen auszuste-
chen (siehe S. 221 für Ressourcen).

* Spiralschneider: Ein Spiralschneider macht „Nudeln" aus Gemüse wie zum Beispiel Zucchini und Möhren.
* Werden Sie bunt. Bilden Sie einen Regenbogen aus leuchtenden,
hübschen Obst- und Gemüsesorten.
* Binden Sie die Interessen Ihrer Kinder ein. Ich habe für Jacob
immer einen grünen Hulk-Smoothie gemacht.
* Bieten Sie das Essen einmal anders an. Kaufen Sie Lunchboxen
mit Unterteilungen für Kinder, die die verschiedenen Bestand-
teile ihrer Gerichte gerne auseinanderhalten. Nutzen Sie Zahn-
stocher oder Schaschlikspieße. Ich habe meinen Kindern zum
Beispiel gerne Fleischbällchen-Lollipops gemacht, indem ich die
Fleischbällchen auf Lutscherstäbchen gespießt habe.
* Letzter Punkt, aber umso wichtiger: Lassen Sie Ihre Kinder an
der Nahrungszubereitung teilnehmen!

Stellen Sie sich vor, ich würde Ihnen Ihr Traumauto schenken. Was
würden Sie sich aussuchen? Porsche? BMW? Ferrari? Nun, es gibt
allerdings einen Haken. Sie bekommen es umsonst, aber es ist das
einzige Auto, das Sie für den Rest Ihres Lebens fahren dürfen. Ich
nehme mal an, Sie würden wirklich gut auf dieses Auto aufpassen.
Sie würden es sauber halten, den besten Treibstoff tanken und alle
Inspektionen machen lassen.

Ist Ihr Körper nicht genau wie dieses Traumauto? Er ist eine wun-
derbare Maschine und Sie werden Ihr ganzes Leben lang keinen
anderen bekommen. Sie müssen unglaublich gut darauf aufpassen
und Ernährung ist ein ganz wichtiger Teil davon. Der Spruch „Du bist,
was du isst" stimmt wirklich. Wenn Sie gutes Essen zu sich nehmen,
werden gute Energie und Gesundheit das Ergebnis sein. Und als Anführerin Ihrer Familie liegt es an Ihnen, Ihre Familie gut zu ernähren
und durch Ihre eigene Gesundheit ein Vorbild zu sein.

Juli:

Schmeißen Sie alle Lebensmittel weg, die künstlichen Süßstoff oder einen CSS (chemischen @#%!storm) enthalten. Essen Sie bei jeder Mahlzeit mindestens ein frisches, vollwertiges Nahrungsmittel.

Streben Sie nicht weiter nach Perfektion. Streben Sie danach, besser zu werden als gestern.

Gehen Sie nicht einfach nur durch dieses Jahr hindurch. Wachsen Sie durch es!

Kapitel 8

Fitness für Mamas

Wir wissen alle, dass wir Sport machen sollten, aber Sport ist auch oft das erste, das wir von unserer Liste streichen, wenn die Zeit knapp ist. Dieses Kapitel wird Sie dazu motivieren, Bewegung in Ihren Zeitplan aufzunehmen, und zwar so, dass Sie langfristig dabeibleiben. Ich werde Ihnen einige Fitnesstipps geben, mit denen Sie effektiv trainieren können, egal, wie viel Zeit Sie dafür zur Verfügung haben – und ich zeige Ihnen, wie Sie Ihre Familie mit einbinden können, egal wie alt Ihre Kinder sind.

Die Fakten

Technisch gesehen ist meine Firma ein Fitnessunternehmen. Ich bin also vorbelastet, was Mütter und Sport angeht. *Stroller Strides* ist ein komplettes Workout, bei dem Mütter mit einem zertifizierten Trainer ihre Fitnessübungen machen, während sie ihre Babys spazieren fahren. Sie machen zum Beispiel Push-ups an einem Tisch in einem Park oder Bizeps-Curls mit einer Übungsstange.

Stroller Strides aufzubauen war für mich eine interessante Offenbarung. Seit zwanzig Jahren bin ich nun im Fitnessgeschäft tätig und mir wurde immer wieder gesagt, dass 80 Prozent der Amerikaner keinen Sport treiben. Mit diesen 80 Prozent kam ich nun in Kontakt. Viele Frauen in unseren Kursen hatten nie einen Fuß in ein Fitnessstudio gesetzt, aber zu uns kamen sie. Doch warum? Erstens fanden Sie die Idee gut, mit ihrem Baby draußen zu sein. Zweitens kamen viele eher, um andere Mütter kennenzulernen, als wegen der Fitnessübungen. Der Sport war nur ein netter Zusatz. Drittens: Die Mütter, die früher häufig ins Fitnessstudio gegangen waren und jetzt keine Zeit mehr dafür hatten, mussten eine neue Situation für sich selbst schaffen.

Zwei Fakten:

1. Mütter müssen sich bewegen. Sie brauchen die Kraft, die Energie und die Endorphine.
2. Ihr Workout muss sich den verschiedenen Phasen der Mutterschaft anpassen.

Wie Sie schon wissen, hat das Muttersein ein paar ganz besondere Hindernisse, besonders dann, wenn Ihr Körper sich durch Schwangerschaft und Geburt verändert hat. Eine Herausforderung ist, dass es keine Fitnesslösung gibt, die für alle Mütter passt. Also lassen Sie uns über die verschiedenen Phasen sprechen.

FITNESS IN ALLEN PHASEN

Alle Mütter wollen nach der Geburt ihren Körper zurück, aber die meisten haben Schwierigkeiten, das Training unterzubekommen. Als Mutter haben Sie nur wenig freie Zeit. Man könnte auch sagen: gar keine. Deshalb müssen Sie sich innovative Ideen ausdenken, um in allen Phasen des Mutterseins Sport machen zu können. Wenn Sie gerne ins Fitnessstudio gehen und es geschafft haben, Zeit dafür zu finden, dann sind Sie schon im grünen Bereich – Hut ab! Für alle anderen habe ich ein paar einfache Alternativen. Aber lassen Sie uns zuerst über Motivation und über ein paar wichtige Dinge sprechen, die Sie wissen sollten, bevor Sie wieder mit dem Sport anfangen.

WIESO IHR WORKOUT SICH MIT DER MUTTERSCHAFT ÄNDERN SOLLTE

Alle Mütter sollten sich vom Arzt durchchecken lassen, bevor sie nach einer Geburt wieder mit dem Sport anfangen. Die meisten Ärzte werden Ihnen nach sechs Wochen grünes Licht geben. Es könnte aber länger dauern, wenn Sie einen Kaiserschnitt hatten oder etwas anderes dagegen spricht.

Ob Sie wollen oder nicht, Ihr Leben und Ihr Körper werden sich verändern, nachdem Sie ein Baby bekommen haben, also muss sich auch Ihr Workout ändern. Als Mutter haben Sie ein Gewicht (das Baby), das Sie überall herumtragen. Sie bekommen nicht genug Schlaf, müssen sich noch von Schwangerschaft und Geburt erholen und alle möglichen Mama-Bewegungen machen, die Sie noch nie gemacht haben. Diese Kombination kann zu neuen Schmerzen führen. Wenn Sie lernen, wie Sie sich durch die Mutterschaft bewegen und zielgerichtet trainieren, werden Sie stärker, gesünder und glücklicher.

Änderungen in der Körperhaltung: Während der Schwangerschaft hat sich viel in Ihrem Körper verändert. Das Gewicht Ihrer Gebärmutter, des Babys und Ihrer vergrößerten Brüste hat Ihre Haltung wahrscheinlich aus dem Gleichgewicht gebracht. Ihre Hüfte hat sich wahrscheinlich nach vorne geschoben (vordere Beckenkippung) und Ihre Schultern haben sich wahrscheinlich nach vorne gekrümmt. Auch Ihr

Kopf wird mit nach vorne gezogen. Fast 80 Prozent der Frauen klagen während oder nach der Schwangerschaft über Rückenschmerzen. Um Ihre Haltung zu verbessern, Stärken Sie Rumpf, Po und Rücken und dehnen Sie Ihren Brustraum und die Hüftbeuger.

Ihr Beckenboden: Ihre Beckenbodenmuskeln stützen Ihre Blase und Ihre Beckenorgane. Das Gewicht des Babys und der Gebärmutter sowie der Geburtsvorgang an sich haben Ihren Beckenboden wahrscheinlich geschwächt. Eine Folge könnte sein, dass Sie Schwierigkeiten haben, Ihre Blase zu kontrollieren. Deshalb sind Kegelübungen und andere Übungen für den Beckenboden nicht nur während der Schwangerschaft wichtig, sondern auch, nachdem Sie Ihr Baby schon bekommen haben, und zwar fürs ganze Leben. Beckenrehabilitation ist eine Art von Körpertherapie für Ihren Beckenboden und wird oft empfohlen, wenn Sie bestimmte Symptome oder Schmerzen haben. Schämen Sie sich nicht! Es kommt sehr häufig vor.

Ihr Bauch: Werden Ihre Bauchmuskeln je wieder aussehen wie vorher? Nicht ohne gezielte Arbeit, denn sie haben durch die Schwangerschaft sehr viel Kraft verloren. Ich war wirklich verzweifelt, als ich nach Jacobs Geburt immer noch schwanger aussah. Ich musste noch mindestens einen Monat lang in den Schwangerschaftsklamotten herumlaufen! Ihre Bauchmuskeln mussten sich ganz schön strecken, um über Ihr wachsendes Baby und Ihre Gebärmutter zu passen. Sie müssen Ihre Bauchmuskeln wieder aufbauen, indem Sie Rumpfübungen in die meisten Ihrer Übungsdurchgänge einbauen. Und damit meine ich nicht einfach nur ein paar Sit-Ups . Um genau zu sein, sind die besten Rumpfübungen nicht die, die man im Liegen macht. Sie können sogenannte Woodchops machen, bei denen Sie den Oberkörper mit einer Hantel drehen. Auch Gleichgewichtsübungen und Oberkörperdrehungen mit einem Band können Ihren Rumpf stärken. Natürlich sind Unterarmstützen, Seitstützen und Übungen auf allen vieren, bei denen Sie abwechselnd das rechte Bein und den linken Arm und dann das linke Bein und den rechten Arm heben alles tolle Bodenübungen. Sie haben keine Ahnung, wovon ich spreche? Besuchen Sie die Seite fit4mom.com/bookinsider für Links zu diesen Übungen.

WIESO FÜHLE ICH MICH JETZT SCHLECHTER ALS WÄHREND DER SCHWANGERSCHAFT?

Es gibt viele Gründe dafür, dass Sie sich nach einer Geburt nicht wirklich toll fühlen. Als wären Wochenbettdepression, Schlafmangel und ein Gefühl der Überforderung nicht genug, machen Ihnen die ungewohnten Bewegungen, die mit der neuen Mutterschaft einhergehen, auch noch zu schaffen.

- **Einen Kinderwagen schieben** Viele Mütter beugen sich vornüber, wenn Sie den Kinderwagen schieben. Es ist wichtig, eine gute Haltung und Form zu bewahren, indem Sie sich aufrecht und entspannt hinstellen (neutrale Wirbelsäule) mit den Schultern nach hinten und unten. Stellen Sie sich vor, die Vorwärtsbewegung kommt aus Ihrem Brustkorb und Sie wollen Ihre Schultern in die Gesäßtaschen stecken!
- **Ihr Baby tragen:** Achten Sie darauf, Ihr Baby nicht immer nur auf der gleichen Seite zu tragen. Wenn Sie Ihr Baby auf die Hüfte setzen und mit einem Arm festhalten, kann das zu muskulärem Ungleichgewicht führen.
- **Stillen/Füttern:** Wenn Sie sich vorbeugen, um Ihr Baby zu füttern, kann Ihnen das Rücken- und Haltungsprobleme bescheren. Legen Sie Ihr Baby hoch, indem Sie ein Stillkissen benutzen und sich auf einen anständigen Stuhl setzen. Atmen Sie durch. Setzen Sie sich bequem hin. Falls Sie irgendwelche Probleme beim Stillen haben, suchen Sie sich unbedingt eine Stillberatung. Besser können Sie Ihr Geld nicht investieren!
- **Den Autositz tragen:** Tragen Sie ihn nicht in einer Hand, sondern vor sich her (wie einen Wäschekorb). Wenn Sie ihn mal nur mit einer Hand tragen können, achten Sie auf einen geraden Rücken. Und hey, wieso nicht gleich an Ihrem Bizeps arbeiten?

♦ **Babytrage:** Wenn Sie sie nicht richtig einstellen, kann sie leicht zu Rückenschmerzen führen. Richtig getragen ist sie aber ein tolles Workout. Ihre Trage sollte recht fest sitzen und gepolsterte Rückenbänder haben. Halten Sie Ihre Wirbelsäule neutral und spannen Sie Ihre Bauchmuskeln an. Überprüfen Sie, dass Ihre Schultern hinten sind.

Jetzt, da Sie ein Gefühl für diese Bewegungen als Mama bekommen haben, können Sie kleine Änderungen vornehmen und bald bessere, stärkende Gewohnheiten schaffen. (Sehen Sie? Da sind die Gewohnheiten wieder.)

Neugeborenes bis drei Monate

Was Sie früher an Sport gemacht haben, passt höchstwahrscheinlich nicht mehr in Ihr neues Leben. Kegelübungen und leichte Bauchmuskelübungen sind jetzt super, um Ihren Rumpf und Ihren Beckenboden langsam wieder in Form zu bringen. Sie sollten auch anfangen, spazieren zu gehen, und dabei langsam die Intensität und Länge steigern.

Drei Monate bis ein Jahr

Im ersten Lebensjahr des Kindes hat eine Mama nicht viel Zeit für sich selbst. Sie müssen Ihre Fitnessübungen in die freien Zeiträume schieben. Workouts für Mama und Baby sind tolle Möglichkeiten, um ein bisschen Sport zu machen. Brustpresse und Armbeugen von unten nach oben können Sie zum Beispiel ganz gut mit dem Baby auf Ihrem Schoß machen. Ganz gut klappt es im Fitnessstudio auch mit einer Babytrage. Kniebeugen und Ausfallschritte sind mit dem zusätzlichen Gewicht des Babys sogar noch effektiver!

Als Mütter fühlen wir uns manchmal recht einsam. Machen Sie doch mal bei einem Fitnesskurs mit Kinderwagen mit. So kommen Sie in Form und an die frische Luft. Wenn Sie alleine mit dem Kinderwagen spazieren gehen, können Sie die Intensität erhöhen, indem Sie mehr bergauf gehen und Pausen für Krafttraining wie Kniebeugen und Ausfallschritte machen. Aber übertreiben Sie es nicht. Ihr Körper hat während der Schwangerschaft viele verschiedene Phasen durchlaufen – geben Sie ihm Zeit und konzentrieren Sie sich hauptsächlich darauf, Ihren Rumpf und Ihren Beckenboden zu stärken.

Ein bis drei Jahre

Auch in diesem Alter ist es vielleicht noch am besten, mit dem Kinderwagen und Baby zusammen Sport zu machen. Ihr Baby wird größer und Sie werden stärker. In dieser Phase können Sie auch mal eine Fitness-DVD einlegen oder eines der vielen kostenlosen Workouts ausprobieren, die online zur Verfügung stehen. Ihr Kleinkind hat vielleicht sogar Spaß daran, mitzumachen! Hoffentlich leiden Sie nicht mehr unter allzu starkem Schlafmangel und können ein kurzes Workout unterbringen, wenn Ihr Baby sein Schläfchen macht. So ziemlich alles am Muttersein zieht Ihren Körper nach vorne: Kinderwagen schieben, stillen, das Baby halten. Konzentrieren Sie sich in dieser Phase auf einen starken Rücken und Übungen für eine bessere Haltung.

Drei bis fünf Jahre

Ihr Kleines ist nun mobiler und das gibt Ihnen mehr Freiheiten. Joggen Sie, während Sie ihm helfen, auf einem Fahrrad neben Ihnen herzufahren. Spielen Sie Fangen und andere Laufspiele im Park. Der Spielplatz ist ein super Ort für ein kurzes Workout. Machen Sie ein paar Step-ups, Push-ups und Liegestütze auf der Parkbank. Sitzen Sie nicht herum, während Ihre Kinder spielen – machen Sie mit! Wenn Ihre Kinder in die Schule gehen, können Sie wieder ins Fitnessstudio oder zu Ihrem liebsten Kurs zurückgehen.

Über sechs Jahre

Jetzt wird wieder so einiges möglich. Sie können sogar Ihre Familie in eine lustige Sportübung mit einbinden und sich so näherkommen. Es gibt viele Sportarten, die Sie mit Kindern zusammen machen können. Versuchen Sie es mit Tennis, Karate oder Yoga. Entwickeln Sie ein Zirkeltraining im Park nur für sich und Ihre Familie. Wenn Ihr Kind eine Teamsportart macht, nutzen Sie doch die Trainingszeit, um einmal ums Spielfeld zu joggen oder legen Sie Ihr eigenes Workout in dieselbe Zeit. Für Ihre Kinder ist es gut, wenn sie sehen, dass Sie auch Sport machen und dabei Spaß haben. Binden Sie sie ein, so gut Sie können. So werden sie gesund und fit aufwachsen.

   Egal in welcher Phase der Mutterschaft Sie sich gerade befinden: Fit zu sein ist ein Geschenk für Sie selbst und Ihre Familie. SIE brauchen die Stärke, um Mutter zu sein! Und Ihre Kinder müssen von Ihnen lernen, dass Sport Spaß macht und ein wichtiger Teil des täglichen Lebens ist.

Trainingsarten

Welche Workouts ich selbst mache? Ich liebe Joggen und Yoga und besonders das sogenannte HIIT-Training und Widerstandstraining.

HIIT – HIGH INTENSITY INTERVAL TRAINING

HIIT steht für „High Intensity Interval Training", also etwa hochintensives Intervalltraining. Kurze Übungsintervalle mit sehr hoher Intensität wechseln mit Ruhepausen ab. Die intensiven Intervalle können zwischen acht Sekunden und acht Minuten dauern, und es handelt sich dabei nicht um Übungen, die Sie fünfundvierzig Minuten lang beständig durchhalten könnten, wie bei einem Aerobic-Kurs oder beim Joggen. Die übrige Zeit über werden Übungen mit niedriger Intensität gemacht, wie etwa Gehen oder ganz leichte Bewegung.

VORTEILE VON HIIT

Und wieso um alles auf der Welt sollten Sie sich diesen anstrengenden Übungen aussetzen? Naja, zum einen haben die meisten Mütter nur wenig Zeit und ein effektives HIIT-Workout bekommen Sie in zwanzig Minuten hin. Und natürlich gibt es auch gesundheitliche Vorteile.

HIIT kann Folgendes verbessern:

+ Ihre aerobe und anaerobe Fitness (niedrige und hohe Intensität)
+ Ihren Blutdruck
+ Ihren Herzkreislauf
+ Ihre Insulinsensibilität
+ Ihre Cholesterinprofile (LDL, HDL, Triglyceride und Gesamtcholesterin)
+ die Menge an Bauchfett und Körpergewicht, während die Muskelmasse beibehalten wird

Einer der bekanntesten Vorteile von HIIT ist die EPOC (der Nachbrennwert). Das klingt ganz schön wissenschaftlich, aber das Prinzip ist simpel. Stellen Sie sich ein Auto vor und wie der Motor noch eine Zeit lang warm bleibt, nachdem Sie ihn ausgeschaltet haben. Ihr Körper bleibt nach dem Training ebenfalls noch warm, und nach einem sehr intensiven Training dauert es eben noch länger, bis der Körper wieder abkühlt. Dabei verbrennt er die ganze Zeit weiter Kalorien, indem er den Sauerstoff wiederherstellt, der während der Übungen verbraucht wurde. Einfach gesagt: Übungen, die mehr Sauerstoff verbrauchen, verbrennen mehr Kalorien. Ihr HIIT-Workout kann Ihnen also auch dabei helfen, Gewicht zu verlieren und die fettfreie Körpermasse zu erhöhen.

VORSICHT: HIIT-Workouts sollte man nur ein- bis dreimal in der Woche machen! Mehr ist in diesem Fall nicht besser! Ein richtiges HIIT-Workout sollte Sie ganz schön auspowern, das heißt, wenn Sie zu viel davon machen, erhöht das Ihre Chance, sich zu verletzen. Zu viel des Guten könnte Ihren Körper auch überanstrengen, und dann wird das Stress-Hormon Cortisol ausgeschüttet. Cortisol kann über einen längeren Zeitraum in Ihrem Körper Gesundheitsprobleme auslösen und sogar das Bauchfett erhöhen. Wenn Sie sich an eine gesunde Anzahl von HIIT-Workouts halten, sind die Vorteile weit größer als mögliche Probleme.

Bei HIIT-Workouts ist mehr nicht besser. Besser ist besser. Gehen Sie auf Seite 220 für einen Link zu meiner Website, unter dem Sie ein kostenloses zwanzigminütiges HIIT-Workout-Video (englischsprachig) finden. Es ist anstrengend, aber es lohnt sich! An den anderen Tagen können Sie eine Kombination aus aerobem Kardiotraining (Joggen, Schwimmen) und Flexibilität (Yoga, Stretching) machen.

WIDERSTANDSTRAINING

Alle Mütter (und alle anderen Menschen auch) sollten Widerstandstraining machen. Ein richtiges Widerstandstraining verbessert Ihre Haltung, Ihre Kraft und Ihre Fähigkeit, Fett zu verbrennen. Ein Anstieg an fettfreier Körpermasse führt zu metabolisch gesehen aktiverem Gewebe, was bedeutet, dass Sie jeden Tag mehr Kalorien verbrennen! Sie brauchen kein Fitnessstudio oder eine besondere Ausrüstung, um diese sieben grundlegenden Widerstandstrainingsübungen zu machen.

SIEBEN GRUNDLEGENDE WIDERSTANDSTRAININGSÜBUNGEN

+ Liegestütze
+ Kniebeugen
+ Sit-Ups
+ Dips
+ Unterarmstützen/ Seitstützen

+ Ausfallschritte
+ Klimmzüge (Ja, Frauen können auch Klimmzüge machen! Eine Stange oder ein Band helfen Ihnen dabei.)

Auf Seite 220 finden Sie einen Link, der Ihnen zeigt, wie all diese Übungen richtig durchgeführt werden. Auch, wenn Sie die Übungen schon kennen, empfehle ich Ihnen, das Video anzusehen (englischsprachig).

In den vorangegangenen Kapiteln haben wir darüber gesprochen, dass Minischritte Sie am besten voranbringen. Vielleicht versuchen Sie es mal mit einem Minischritt-Workout? Schreiben Sie die Übungen auf, in denen Sie sich verbessern wollen. Jedes Mal, wenn Sie die Übung machen, versuchen Sie, eine Wiederholung oder eine Sekunde hinzuzufügen. Es wird ganz toll sein, die Verbesserung zu sehen, auch wenn sie noch so klein ist. Und diese kleinen Schritte summieren sich.

	5. Januar	14. Januar		
Liegestütze	2	3		
Kniebeugen	15	18		
Sit-Ups	12	13		
Dips	20	23		
Ausfallschritte	12	14		
Unterarmstützen	30 Sekunden	28 Sekunden		
1,5 km laufen	11 Minuten	10 Minuten		

Ups, sieht aus, als würden Sie die Unterarmstützen kürzer aushalten als am Anfang. Das ist schon ok. Wir sind nicht perfekt und unsere Zeiten werden sich nicht immer nur steigern. Wichtig ist, dass wir es weiter versuchen.

Häufige Fragen zum Sport

Manche wichtigen Fragen höre ich immer wieder von Müttern. Hier sind ein paar der häufigsten Fragen und Antworten zum Thema Fitness.

Wann ist die beste Zeit zum Trainieren?
Das ist wirklich egal! Ich bin immer dafür, das Training früh am Morgen unterzubringen, wenn das bei Ihnen passt. Ich finde, das gibt Ihnen Energie für den Tag und verringert die Chance, dass Sie eine Ausrede finden, um nicht zum Sport zu gehen. (Schauen Sie sich Kapitel 4 noch einmal an, wenn Sie Ihre Morgenroutine planen wollen.)

An wie vielen Tagen pro Woche sollte ich Sport machen?
Ich empfehle jeden Tag. Warum? Wenn an einem oder zwei Tagen etwas dazwischenkommt, haben Sie immer noch fünf oder sechs Workouts übrig. Wenn Sie nur planen, an drei Tagen Sport zu machen (dem Minimum, um fit zu bleiben) und Sie dann einen Tag verpassen, dann kommen Sie nicht einmal auf das Minimum. Ein effektives Workout passt in weniger als 20 Minuten, also tun Sie einfach jeden Tag etwas. Sie sollten wirklich an jedem Tag, an dem Sie sich wohl fühlen wollen, Sport treiben!

Wie kann ich meine Bauchmuskeln zurückbekommen?
Sie denken vielleicht, dass Sie jede Woche eine Million Sit-Ups machen müssen, aber was Sie essen und trinken beeinflusst Ihre Bauchmuskeln genauso, wenn nicht noch mehr als jede Fitness-übung. Essen Sie gesundes Essen mit vielen Ballaststoffen. Lassen Sie die Finger von verarbeitetem Zucker und Alkohol. (Schauen Sie sich Kapitel 7 für mehr Infos über gesundes Essen an.) Trinken Sie mindestens acht Gläser à 235 ml Wasser jeden Tag (mehr, wenn Sie Sport treiben, schwanger sind oder stillen). Was den Fitness-Teil angeht, empfehle ich Ihnen, sich in einen wandelnden Liegestütz zu verwandeln. Ha! Was ich damit sagen will ist, dass Ihre Bauchmuskeln ständig in Bewegung sind. Nutzen Sie das. Bewegen Sie sich aus dem Rumpf heraus. Und ja, Unterarmstützen, Seitstützen, Crunches und umgekehrte Crunches helfen natürlich auch. Machen Sie sie drei- bis fünfmal in der Woche.

Welche Sportart sollte ich machen?

Eine, die Ihnen Spaß macht. Wenn Sie nicht gerne ins Fitnessstudio gehen, dann lassen Sie es. Hier eine Liste von Alternativen.

+ Wandern
+ Mit dem Hund spazieren gehen
+ Teamsport
+ Schwimmen
+ Yoga
+ Spinning
+ Boxen oder Kickboxen
+ Workout-DVDs
+ Eine FIT4MOM-Klasse

Egal welche Sportarten Sie wählen, versuchen Sie, sie untereinander zu mischen. Machen Sie an ein paar Tagen in der Woche Kardiotraining, zwei- bis dreimal in der Woche Krafttraining und Übungen für die Beweglichkeit. Intensität ist wichtig. Wenn Sie spazieren gehen oder wandern und dabei noch locker mit Ihrer Freundin quatschen können, dann müssen Sie einen Zahn zulegen.

Meine persönliche Workout-Routine sieht so aus:

+ Montag: Body Back HIIT-Workout (Kardio, Kraft und Beweglichkeit)
+ Dienstag: Laufen
+ Mittwoch: Body Back HIIT-Workout (Kardio, Kraft und Beweglichkeit)
+ Donnerstag: Laufen
+ Freitag: Krafttraining in meiner Garage (Ein Zirkeltraining aus Kniebeugen, Liegestützen, Klimmzügen, Sit-Ups, Springseil und Ausfallschritten)
+ Samstag: Yoga
+ Sonntag: Nichts, es sei denn, ich habe unter der Woche einen Tag verpasst.

Machen Sie es sich leicht

Falls Ihr Gehirn während dieses Kapitels irgendwann die Notbremse gezogen hat, weil Sie überfordert sind von der Idee, jeden Tag Sport zu machen, fasse ich hier noch einmal schnell das Wichtigste zusammen. Wenn Sie es ernst mit dem Sport meinen und Ihre Workouts gut planen, werden Sie auf jeden Fall Ergebnisse sehen und die Disziplin wird Ihnen zugutekommen.

Bewegen Sie sich jeden Tag ein bisschen. Dann ein bisschen mehr. Ein Objekt in Bewegung bleibt auch in Bewegung. Fangen Sie einfach an und wahrscheinlich werden Sie kaum noch aufhören können.

Der Schlüssel dazu, lebenslang Sport zu treiben, ist, ihn Teil Ihres Lebens werden zu lassen. Sie sagen, Sie haben jetzt keine Zeit, aber ich kann Ihnen sagen, dass Physiotherapie oder Reha nach einer Erkrankung noch viel länger dauern (und weniger Spaß machen). Finden Sie Übungen, die Sie gerne machen.

Was sind drei Aktivitäten, die Sie gerne machen?

_____

_____

_____

Wann können Sie Bewegung in Ihren Wochenplan einbauen?

M _____

D _____

M _____

D _____

F _____

S _____

S _____

Ihr Körper ist Ihr wichtigstes Werkzeug. Bitte halten Sie ihn in Form. Er wird es Ihnen in den kommenden Jahren danken.

Monatsaufgabe

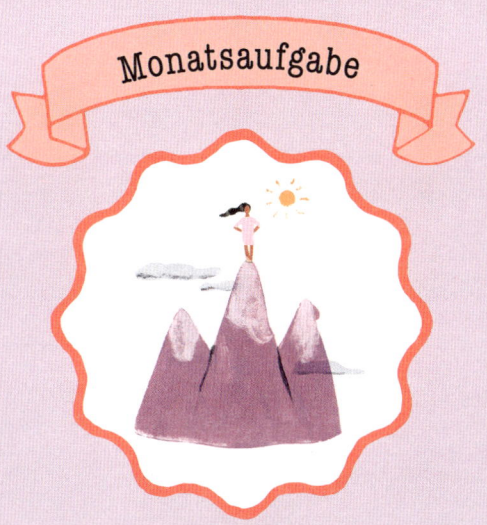

August:

Planen Sie Workouts. Fügen Sie jede Woche eines hinzu, und/oder erhöhen Sie die Intensität Ihres aktuellen Fitnessplans.

Streben Sie nicht weiter nach Perfektion. Streben Sie danach, besser zu werden als gestern.

Gehen Sie nicht einfach nur durch dieses Jahr hindurch. Wachsen Sie durch es!

Kapitel 9

Ihr gesundes Zuhause

Bei dem Gespräch über unsere körperliche Gesundheit und die Gesundheit unserer Familie können wir die Auswirkungen, die die Umwelt auf unser Wohlbefinden und unsere Gesundheit hat, nicht übersehen – genauso wenig, wie unsere Auswirkungen auf die Umwelt. Unsere Kinder sind täglich etwa 2.000 Chemikalien ausgesetzt. Sie sind in unserem Essen, unserer Luft und unseren Häusern. In diesem Kapitel werde ich Ihnen einige einfache Schritte zeigen, die Sie durchführen und Ihren Kindern beibringen können, damit sie verstehen, was wir für eine gesündere Welt tun können – angefangen bei uns zu Hause.

Lokal und global

Unsere Kinder sind die Zukunft. Ich weiß, das haben Sie schon oft gehört, aber diesmal möchte ich, dass Sie wirklich zuhören. Unsere Kinder sind die Zukunft, deshalb müssen wir uns darum kümmern, dass sie gesund sind und dass auch die Umwelt, in der sie leben, gesund ist. Fangen wir mit Dingen an, auf die wir bei uns vor Ort achten können und darauf, wie wir zu Hause etwas ändern können.

Eine grüne Familie werden

Der *Environmental Protection Agency* (EPA) zufolge sind etwa 80.000 Chemikalien auf dem Markt und weniger als 1 Prozent davon wurde auf Sicherheit hin geprüft. Studien haben hunderte giftige Chemikalien bei Babys zum Zeitpunkt der Geburt festgestellt, da Pestizide, Flammschutzmittel, giftiges Make-up, Shampoo und andere Produkte auf direktem Weg zum Baby in die Gebärmutter gelangen. Wir haben keine Ahnung, welche Hirn-, Immun- oder Fortpflanzungsschäden das bei ihnen hervorrufen kann. Und ich hoffe, wir werden nicht noch mehr Chancen bekommen, es herauszufinden.

Der Durchschnittsamerikaner hat zwischen 400 und 800 Chemikalien in seinen Fettzellen gespeichert. Die Zahl der Immunerkrankungen, neurologischen Erkrankung und Allergien ist so hoch wie nie; all diese Gesundheitsprobleme werden oft mit Umweltfaktoren und bestimmten Lebensstilen in Verbindung gebracht. Die Situation ist so besorgniserregend, dass ganze Organisationen – wie *Healthy Child Healthy World* – gegründet wurden, um Kinder vor giftigen Chemikalien in unserer Umwelt zu schützen.

Aber es können nicht nur Organisationen sein, die sich um unsere Kinder und Familien kümmern. Ich denke, es ist an der Zeit, dass wir über ein Detox-Verfahren für unser Zuhause sprechen und positive Veränderungen in unserem Alltag durchführen, um zu einer „grünen" (umweltfreundlichen) Familie zu werden. Wir haben in Kapitel 7 über Giftstoffe in unseren Lebensmitteln gesprochen. Konzentrieren wir uns nun auf Produkte in unserem Zuhause.

Schaffen Sie eine grüne Routine für die Körperpflege

Sind Ihre Beauty-Produkte giftig? Man würde ja annehmen, dass Beauty-Produkte auf Sicherheit geprüft werden, richtig? Nein. Die *Food and Drug Administration* (FDA, US-amerikanische Zulassungsbehörde) prüft Schönheitsartikel nicht auf Sicherheit. Die Kosmetikindustrie ist vollständig selbstkontrolliert. Wir müssen also selber nachforschen. Als Mütter sind wir die „grüne Polizei" der Familie.

Sie denken vielleicht, dass ein paar Beauty-Produkte nicht so einen großen Unterschied machen. Aber bedenken Sie: Die durchschnittliche Person benutzt neun Körperpflegeprodukte am Tag. Das entspricht 126 Inhaltsstoffen *täglich*. Zahnpasta, Seife, Shampoo, Haarspülung, Haargel, Haarspray, Creme, Make-up, Parfüm, Deo, Sonnencreme. Sind Sie sicher, dass sie alle sicher für Sie und Ihre Kinder sind?

Wir müssen uns über die Luft, die wir einatmen, und das, was mit unserer Haut in Kontakt kommt, Gedanken machen. Ihre Haut ist transdermal, das heißt, viele Stoffe können durch sie einfach in den Körper eindringen. Das geht so einfach, dass sogar manche Medikamente so verabreicht werden. Stellen Sie sich vor, wie einfach es auch für andere Stoffe ist, auf diese Weise aufgenommen zu werden. Wir können (und wollen) natürlich nicht verhindern, dass Dinge in unsere Haut eindringen. Aber wir können uns entscheiden, die Chemikalien in unseren Beauty-Produkten zu reduzieren. Ich gebe Ihnen zum Anfang eine Liste mit Produkten und Inhaltsstoffen an die Hand, die Sie nach Möglichkeit vermeiden sollten.

Vorsicht bei diesen Produkten

Die *Environmental Working Group* (EWG) hat eine tolle Website, die mir hilft, herauszufinden, welche Produkte sicher sind. Durch sie weiß ich, dass ich bei den folgenden Inhaltsstoffen aufpassen muss.

- Seife
  - Triclosan
  - Triclocarban
- Sonnencreme
  - LSF über 50 (Sie enthalten höhere Konzentrationen von Chemikalien und können Gesundheitsrisiken darstellen, wenn sie die Haut durchdringen.)
  - Retinylpalmitat
  - Aerosol-Spray
  - Puder-Sonnencreme
  - Oxybenzon
  - hinzugefügtes Insektenschutzmittel
- Nagelpflege
  - Formaldehyd oder Formalin im Nagellack
  - das „toxische Trio" im Nagellack: Dibutylphthalat (DBP), Toluol, Formaldehyd
  - Wenn Sie schwanger sind, lassen Sie den Nagellack ganz weg.

Kinder sind noch empfindlicher gegenüber den Gefahren unserer Produkte. Sie werden oft den gleichen Produkten und Mengen ausgesetzt wie Erwachsene, aber je weniger sie wiegen, desto weniger vertragen sie. Ihre unfertigen Körpersysteme können viele der giftigen Inhaltsstoffe noch nicht abwehren.

BEI KLEINEN KINDERN VERMEIDEN

- Babytücher
  - Bronopol
  - DMDM Hydantoin
  - Duftstoffe
- Windelcreme
  - BHA
  - Borsäure
  - Duftstoffe

- Zahnpasta
  - Fluorid, bis Sie sicher sind, dass Ihr Kind die Zahnpasta nicht schluckt

VORSICHT BEI DIESEN INHALTSSTOFFEN

Noch eine tolle Website ist die *Campaign for Safe Cosmetics*. (Siehe Seite 221 für den Link). Dort gibt es ausführliche Informationen über Chemikalien, die man vermeiden sollte, und sichere Produkte. Im Folgenden stelle ich Ihnen einige übliche Inhaltsstoffe vor, die Sie möglichst vermeiden sollten. Dies ist eine Kurzform der Liste besorgniserregender Chemikalien.

Phthalate: Chemische Weichmacher, die seit den 1950er Jahren verwendet werden. Grundsätzlich erweichen Phthalate Kunststoff, ohne in den Kunststoff einzudringen – also dringen sie in die Umgebung ein. Zum Beispiel halten sie Nagellack davon ab, zu splittern, und Haarspray davon, zu steif zu werden. Sie machen Ihre Düfte länger haltbar. Sie sind in allem enthalten von Lotionen über Beißringe und Spielzeug bis zu Elektronik und Kunststoffbehältern. Es gibt Hinweise darauf, dass Phthalate mit Asthma, früh einsetzender Pubertät sowie Nieren- und Leberkrebs in Verbindung stehen. Das ist für mich Grund genug, Phthalate zu vermeiden!

Parabene: Sie verhindern das Mikrobenwachstum. Parabene finden sich in einer Vielzahl von Produkten zur persönlichen Pflege, und sie können durch Haut, Blut und das Verdauungssystem absorbiert werden. Sie stehen im Zusammenhang mit endokrinen Störungen, Krebs, Entwicklungs- und Reproduktionstoxizität. Glücklicherweise wird es immer einfacher, Produkte zu finden, die keine Parabene enthalten.

Triclosan: Antimikrobielles Mittel (reduziert bakterielle Kontamination). Triclosan wurde mit Hormon-Disruptoren und Bakterien, die gegen Antikörper und antibakterielle Produkte resistent sind, in Verbindung gebracht. Die *Centers for Disease Control and Prevention* haben Triclosan im Urin von 75 Prozent der getesteten Menschen identifiziert, ein ziemlich deutlicher Hinweis darauf, dass sich Triclosan in unserem Körper ansammelt.

Toluol: Toxische Chemikalie, die in Nagelprodukten und Haarfärbemitteln verwendet wird. Eine Belastung durch Toluol kann kurzfristige Beschwerden wie Kopfschmerzen, Schwindel und Hautprobleme hervorrufen, aber auch ernstere Erkrankungen wie Schäden des Fortpflanzungssystems und Atembeschwerden.

Leider können Sie nicht alle Chemikalien vermeiden, mit denen wir jeden Tag bombardiert werden, tun Sie also, was Sie *können*. Kümmern Sie sich um Ihre Gesundheit in den Bereichen, in denen Sie die Kontrolle haben. Mütter können Vorreiterinnen für Veränderungen sein. Ich hoffe, dass immer mehr Mütter sich dazu entscheiden werden, eine Stimme der Veränderung hin zu gesünderen, grüneren Produkten in unseren Heimen zu sein.

Lieben Sie Ihre Umgebung

Lassen Sie uns nun über eine andere Art, Ihre Umwelt zu lieben, sprechen: Kümmern Sie sich um Ihr Zuhause.

Unordnung, Durcheinander und Desorganisation können allesamt pures Gift für Ihre geistige Gesundheit werden – und auch für Ihr körperliches Wohlbefinden. Sie finden, das klingt ein bisschen extrem? Vielleicht, aber vertrauen Sie mir in einem: Ihre heimatliche Umgebung ist vielleicht wichtiger, als Sie denken.

„Lisa, räum dein Zimmer auf." Das sagte meine Mama oft zu mir, als ich selbst noch klein war, und ich kann mich noch daran erinnern, dass ich dachte, es wäre so viel einfacher, wenn es einen bestimmten Ort für jedes Spielzeug gäbe. Aber den gab es nicht, also stapelte und schob ich alles hin und her und stopfte es in verschiedene Schubladen, bis mein Zimmer einigermaßen ordentlich aussah. Wenn Sie zu mir nach Hause kämen, wären Sie vielleicht überrascht, dass Aufräumen für mich nicht so einfach ist, denn mein Haus ist recht ordentlich – meistens jedenfalls. Ordnung zu halten fiel mir immer ziemlich schwer, aber ich liebe es, wenn alles erstmal aufgeräumt ist, deshalb strenge ich mich an.

Die meisten Leute mögen ein ordentliches Zuhause – egal, ob sie eins haben oder nicht – aber seltsamerweise haben die wenigsten von uns gelernt, wie man am besten aufräumt. Wir haben vielleicht gelernt, wie man kocht oder näht, aber organisieren und Ordnung schaffen? Weniger. Mir hat jedenfalls niemand etwas über das Organisieren beigebracht. Ich habe ein eigenes Pinterest-Board für „organisatorische Inspiration". Ich räume auf. Ich organisiere. Und dann ist auf einmal alles wieder unordentlich.

Als ich von dem Buch *Magic Cleaning: Wie richtiges Aufräumen Ihr Leben verändert* von der Aufräummeisterin Marie Kondo hörte, musste ich es sofort lesen. Vielleicht würde ich so endlich das Geheimnis lüften, wie ich ordentlich werden und bleiben konnte. Besonders interessant fand ich, dass Kondos System so effektiv ist, dass Sie es nur einmal anwenden müssen, wie sie selbst sagt. Einmal? Das hörte sich ziemlich hervorragend für mich an, denn meine Küchenschublade sieht einen Tag nach dem Aufräumen wieder genauso aus wie vorher.

Kondos Philosophie über das Aufräumen und Organisieren kann in nur zwei Aussagen zusammengefasst werden:

- ♦ Werfen Sie alles weg, das Sie nicht „vor Freude strahlen" lässt, nachdem Sie diesen Objekten für ihren treuen Dienst gedankt haben.
- ♦ Kaufen Sie keine zusätzlichen Dinge, um organisierter zu werden. Ihr Heim hat schon allen Platz, den es braucht.

Ich gebe zu, dass ich schon anfangen wollte, aufzuräumen, nachdem ich ein paar Seiten des Buches gelesen hatte, aber ich zwang mich dazu, es erst zu Ende zu lesen. Ich wollte sicher sein, dass ich das Konzept ganz verstanden hatte. Falls Sie das Buch lesen möchten, empfehle ich Ihnen denselben Ansatz.

Wieso sollten Sie sich für dieses Thema interessieren? Weil Sie Frieden finden, wenn es bei Ihnen ordentlich ist. Ich weiß noch, dass ich im College immer erst meinen Schreibtisch aufräumen musste, bevor ich anfangen konnte, zu lernen. Sonst konnte ich mich einfach nicht konzentrieren. Ihr Geist kommt nicht zur Ruhe, wenn Sie von Durcheinander umgeben sind.

> Unordnung hat nur zwei mögliche Gründe:
> Es ist zu anstrengend, Dinge wegzuräumen,
> oder es ist nicht klar, wo sie hingehören.
>
> **—MARIE KONDO**

Kondo glaubt, dass das Aufräumen eine einmalige Veranstaltung ist, also bringen Sie genug Zeit mit. Sie schlägt folgende Schritte vor:

1. Bringen Sie alle Objekte desselben Typs an einen Ort. Haben Sie Klamotten in mehreren verschiedenen Schränken? Also, ich auf jeden Fall. Nehmen Sie alles aus den Schränken und bringen Sie es an nur einen Ort (zum Beispiel Ihr Bett).

2. Nehmen Sie jedes Teil in die Hand. Wenn es Sie vor Freude strahlen lässt, behalten Sie es. Wenn Sie sich daran erinnern, dass es zwickt, unmodern geworden ist oder nie richtig sitzt, werden Sie es los. Behalten Sie keine Kleidung, von der Sie hoffen, eines Tages hineinzupassen. Diese Dinge sagen Ihnen, dass Sie jetzt nicht gut genug sind, und diese negative Energie brauchen Sie nun wirklich nicht. Stellen Sie sich darauf ein, viele Dinge auszusortieren. Ich habe fünf Säcke Kleidung aussortiert. Ich lasse sie gehen, damit sie jemand anderem Freude bereiten können.

3. Falten Sie Kleidung richtig. Kondo besteht darauf, dass Sie das Falten in einer ganz bestimmten Art und Weise erledigen. Ich bekomme es selbst noch nicht so richtig hin, trotzdem finde ich ihre Falttechnik ziemlich genial. Suchen Sie einfach nach einem Video zur „Marie Kondo Falttechnik".

Kondo zufolge können Sie nicht einfach anfangen, aufzuräumen. Der Prozess muss in einer bestimmten Reihenfolge ablaufen!

☐ Kleidung
☐ Bücher
☐ Papiere
☐ Verschiedenes
☐ Erinnerungsstücke (einschließlich Fotos)

Ich habe einen Trick, den ich für verschiedene Papiere benutze, die sich von selbst im Haus zu verteilen scheinen. Nehmen Sie einen schönen, großen Korb. Das ist Ihre Ablage. Alle Papiere kommen dort hinein. Ich spreche über Post, Rechnungen, Hausaufgaben der Kinder, alles. Der Trick dabei ist, zehn Minuten am Tag durch die Papiere zu gehen. Kümmern Sie sich um alles, das in weniger als zwei Minuten erledigt werden kann, schmeißen Sie weg, was weg kann, und lassen Sie den Rest bis zur nächsten Runde im Korb. Sie werden nie wieder

Papiere suchen, denn Sie wissen, es ist entweder im Korb oder schon richtig abgelegt. Das ist ein Trick, den ich von David Allen, dem Autor von *Wie ich die Dinge geregelt kriege*, gelernt habe.

Marie sagt, dass wir so viel Unordnung haben, weil wir uns zu sehr an Dinge binden. Wir hängen an Dingen, die uns keine Freude mehr bereiten. Schauen Sie sich um. Wie viele Objekte bemerken Sie nicht einmal? Behalten Sie Dinge, weil Sie sie eines Tages brauchen könnten? Oder weil Sie eine Erinnerung damit verbinden? Denken Sie an Ihren Kleiderschrank, Ihre Garage, Ihre Krimskrams-Schublade. Wie viele von diesen Dingen brauchen Sie wirklich?

Jason zog mich auf und sagte, ich bräuchte das Buch gar nicht zu lesen, sondern ich solle einfach mein ganzes Extrazeug loswerden. Ich nehme an, in Wahrheit haben wir alle zu viele Dinge. Und wir schmeißen nicht gerne etwas weg, weil es uns verschwenderisch vorkommt. Wir müssen wahrscheinlich auch alle besser aufpassen, wenn wir noch mehr Neues in unser Haus lassen. Denken Sie an die Kinderzimmer. Die Kinder werden so unordentlich, weil sie so viele Dinge haben. Wir erlauben ihnen, immer Neues zu bekommen, ohne etwas auszusortieren.

Spaß beiseite, mein Mann ist so eine von Natur aus ordentliche Person. Unsere Garage kann sich sehen lassen. Und Sie sollten mal seine Schrankseite sehen. Sie bleibt ordentlich. Das ist so, weil er sich um Dinge sofort kümmert, wenn er sie sieht. Ich verschiebe es lieber auf einen späteren Zeitpunkt. Räumen Sie immer alles sofort weg.

Aber ich glaube, Ihre Umgebung zu mögen ist mehr, als nur Ordnung zu schaffen. Ihr Heim sollte Ihnen Freude machen. Frieden bringen. Warten Sie nicht auf ein neues Haus, mehr Möbel oder mehr Dinge. Sie können das alles jetzt sofort haben. Eine meiner sehr guten Freundinnen, Annie Fonte, hat ein sehr spezielles Programm ins Leben gerufen, das *Meet Me at the Barn* (meetmeatthebarn.com) heißt. Sie wohnt auf meiner Traum-Ranch, aber es sind nicht die Pferde oder ihr wunderschönes Haus, die sie so magisch machen. Das Besondere ist, dass Annie sich mit Dingen umgibt, die sie liebt. Sie können ein Bild oder ein Zitat aufhängen, eine Kerze anzünden oder ein Andenken aufstellen, das Ihnen einen schönen Moment beschert.

Wenn Sie sich Ihr Haus anschauen und dabei das Gesicht verziehen, weil es überfüllt und unordentlich ist, müssen Sie sich darum kümmern. Jedes Mal, wenn Sie das Chaos sehen, verbreitet es schlechte Energie.

Annie hat mir eine tolle Website gezeigt, die *The Quiet Place* heißt. Werfen Sie einen Blick darauf (thequietplaceproject.com). Annie gab uns allen die Aufgabe, einen ruhigen Ort in unserem Haus zu schaffen. Ein kleines Eckchen, in dem wir Frieden finden. Wir sollten alle zu Hause einen Ort haben, an dem wir uns wohl und sicher fühlen. Ich habe mir so einen Ort in meinem Heimbüro geschaffen. Ich sitze auf einer Couch mit ein paar hübschen Kissen. Ich habe eine Statue aufgestellt, die drei Frauen beim Meditieren darstellt. Ich habe ein paar Bücher, die mich glücklich machen, eine Pflanze, die Sauerstoff spendet, und eine Kerze. An diesem speziellen Ort meditiere ich jeden Morgen.

Meine Ruheorte haben sich in meinem Haus verbreitet. Wieso sollte ich nicht überall etwas haben, das mich glücklich macht? Ich habe einen Aromatherapie-Zerstäuber in meinem Schlafzimmer. Ich habe überall Bilder, die mich glücklich machen. Sogar in meinem Kleiderschrank. Ich habe ein Zitat, das mich inspiriert auf der Rückseite meiner Badezimmertür. Schaffen Sie auf einem Bücherregal Platz für einen Schrein mit Dingen, die Ihnen schöne Erinnerungen schenken. Ihr Heim sollte Sie glücklich machen.

Übung: Ihr Allerheiligstes

Hier haben Sie Platz, um Ihr Allerheiligstes zu entwerfen. Welche Objekte sollten darin zu finden sein? Was muss weg?

- ✦ Zünden Sie zu allen möglichen Tageszeiten eine Kerze an, auch morgens, wenn Sie sich fertig machen.
- ✦ Hören Sie Musik, die Ihre Seele beruhigt oder Ihnen Energie gibt.
- ✦ Machen Sie den Fernseher aus.
- ✦ Wenden Sie Aromatherapie an.
- ✦ Schaffen Sie ein friedvolles Ambiente an einem normalen Tag.

Ich hoffe, ich habe Sie dazu inspiriert, Ordnung zu schaffen und einige Wege zu finden, sich neu in Ihr Heim zu verlieben.

AUSNAHME BEI BABYS UND KLEINKINDERN

Nun, wenn Sie Mama eines Babys oder Kleinkindes sind, dann machen Sie sich nicht verrückt. Ich fand es noch nie so schwer, Ordnung zu halten, wie zu der Zeit mit Kleinkindern, die im Haus herumliefen. Sie scheinen eine Spur der Unordnung zu hinterlassen. Ich glaube von ganzem Herzen, dass es viel wichtiger ist, Zeit mit ihnen zu verbringen, als ein ordentliches Haus zu haben. Die Zeit mit ihnen ist so kurz. Schauen Sie, ob Sie ein paar große Körbe bekommen können, in die Sie die Spielzeuge hineinwerfen. Und finden Sie dann eine Ecke in Ihrem Haus, die nur Ihnen gehört.

Haben Sie Giftstoffe im Haus?

So, jetzt haben wir über Unordnung und fehlende Organisation gesprochen. Lassen Sie uns nun noch einmal über chemische Giftstoffe sprechen, die ihren Weg in Ihr Heim finden können. Wenn es Ihnen wie mir geht, werden Sie ganz schön überfahren sein, wenn Sie sehen, wie viele Dinge in unserem Heim potenziell giftig sind. Atmen Sie tief ein. Und noch einmal. Der erste Schritt ist Information. Bringen Sie so viel wie möglich aus verschiedenen Quellen in Erfahrung. Machen Sie dann einen Plan und Minischritte, um Ihr Heim gesünder werden zu lassen. (Erinnern Sie sich an den Kaizen-Ansatz? Lesen Sie Kapitel 4 noch einmal, wenn Sie eine Auffrischung brauchen.) Ich helfe Ihnen dabei, loszulegen: Hier ist eine Liste mit Dingen, die Sie relativ einfach austauschen können.

Um Ihr Haus schnell etwas grüner werden zu lassen, tauschen Sie die folgenden Dinge aus:

- **Antihaftbeschichtete Pfannen.** Ersetzen Sie sie durch Pfannen aus Edelstahl, Glas oder Gusseisen. Warum? Antihaftbeschichtete Pfannen sind mit giftigen Chemikalien überzogen.
- **Plastikboxen.** Ersetzen Sie diese durch Glas (vorzugsweise) oder BPA-freies Plastik. Warum? Bisphenol A (BPA) und Phthalate sickern ins Essen. Sie werden mit Krebs und Veränderungen des Gehirns und des Verhaltens in Verbindung gebracht.
- **Konservendosen.** Kaufen Sie deshalb auch Nahrungsmittel in Einmachgläsern oder BPA-freien Dosen.
- **Reinigungsprodukte.** Die meisten Reinigungsprodukte sind giftig, enthalten Phthalate, künstliche Duftstoffe, Ammoniak, Chlor und giftige Dämpfe. Stellen Sie eigene Reinigungsmittel mit Backpulver und Essig her oder kaufen Sie ökologische Produkte.

Wenn Sie einige dieser Produkte ab und zu benutzen, wird das wahrscheinlich keine Probleme auslösen. Aber wir wissen nicht, was passiert, wenn Sie sie ein Leben lang anwenden oder miteinander kombinieren. Die meisten Reinigungsmittel haben Etiketten, die bestätigen, dass das Produkt gefährlich ist, wenn man es einnimmt, anfasst oder einatmet. Ich denke, wir sollten diese Warnungen ernster nehmen!

Zeit für ein Geständnis. In diesem Gebiet arbeite ich noch an mir. Ich bin ziemlich sicher, dass ich Konserven mit BPA und antihaftbeschichtete Pfannen habe. Aber Wissen ist Macht. Je mehr ich lerne, desto sicherer bin ich mir, dass ich die Giftstoffe nach und nach aus meinem Haus entfernen muss. Für mehr Informationen darüber, wie Sie gesündere und umweltfreundlichere Entscheidungen treffen können, lesen Sie nach bei der *Environmental Working Group* (ewg.org).

Umweltschutz

Sie haben wahrscheinlich viele sich widersprechende Berichte darüber gehört, wie sehr wir Menschen das Klima beeinflussen. Ich weiß, dass

Umweltschutz Ihnen wie eine zusätzliche Bürde vorkommen kann und dass Sie vielleicht denken, Ihr kleiner Beitrag bringe ohnehin nichts. Es ist leicht, sich von so einer großen Aufgabe entmutigen zu lassen. Hören wir also auf, darüber nachzudenken, was wir nicht tun können, und denken wir lieber darüber nach, was wir tun können. Jeder von uns ist dafür verantwortlich, unsere CO_2-Bilanz (negativer Einfluss auf unsere Umwelt) zu reduzieren. Als Mütter haben wir noch einen besonderen Anreiz: unsere Kinder und ihre Zukunft.

FÜNF EINFACHE ARTEN, DIE UMWELT ZU LIEBEN

1. Lassen Sie sich keine Werbung mehr zusenden. Wussten Sie, dass die Energie, die gebraucht wird, um Werbekataloge und ähnliches herzustellen, zu liefern und zu entsorgen, mehr Treibhausgase produziert als 2,8 Millionen Autos? Mit einem einfachen Aufkleber auf Ihrem Briefkasten werden Sie die Werbebriefe los.

2. Kaufen Sie ein Auto, das wenig Treibstoff verbraucht. Oder, wenn das finanziell gerade für Sie nicht machbar ist, achten Sie wenigstens darauf, dass Ihre Reifen stets den richtigen Luftdruck haben und halten Sie Geschwindigkeitsbegrenzungen ein, um Emissionen zu reduzieren. Fahrgemeinschaften helfen natürlich auch enorm!

3. Nutzen Sie Energiesparlampen. Sie brauchen 70 Prozent weniger Energie als herkömmliche Glühbirnen und sparen letztendlich Geld.

4. Achten Sie bei Küchengeräten auf die Energieeffizienzklasse.

5. Reduzieren Sie. Benutzen Sie Dinge noch einmal. Recyceln Sie.

Übung: Umweltschutz

Keiner von uns kann alles alleine schaffen, aber alle zusammen können wir etwas bewegen. Fangen wir mit kleinen Schritten an.

Wie wollen Sie die Umwelt konkret schützen?

1. _____
2. _____
3. _____

Mütter sind gut im Schützen. Nutzen Sie diese Fähigkeit, um Ihrer Familie zu zeigen, wie man die Umwelt schützt. Lassen Sie es für Ihre Kinder zum Spaß werden, machen Sie einen Wettbewerb daraus und – auf jeden Fall – auch eine Gewohnheit.

Monatsaufgabe

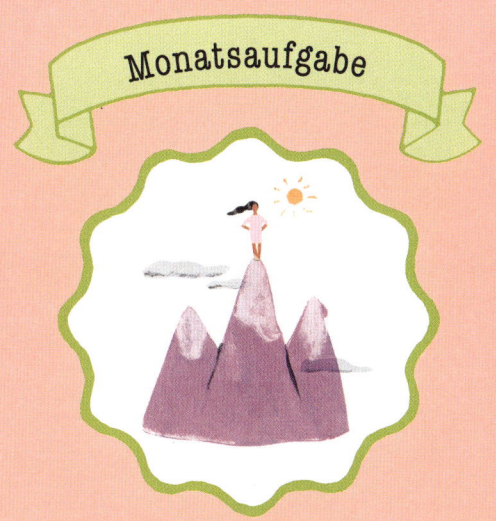

September:

Suchen Sie sich einen Raum in Ihrem Zuhause aus und machen Sie ihn zu Ihrem Allerheiligsten, einem Ort, der Sie glücklich und zufrieden macht.

Streben Sie nicht weiter nach Perfektion. Streben Sie danach, besser zu werden als gestern. Gehen Sie nicht einfach nur durch dieses Jahr hindurch. Wachsen Sie durch es!

Kapitel 10

Stärken Sie Ihre Familienbande

Ich rege ja immer dazu an, auch als Mama Ihr eigenes Ich auszuleben. Fakt ist jedoch, Sie sind eine Mama, weil Sie eine **Familie** haben, die Ihnen wichtig ist. Aber zeigen Sie ihr das auch in Taten? Ihre Familie fühlt sich wichtig, wenn Sie sich Zeit für regelmäßige Familienzeiten, Dates mit Ihrem Partner und Zeit für Ihre Kinder nehmen. Ein Geheimnis des Glücks besteht im Geben. In diesem Kapitel werde ich Ihnen einige Wege aufzeigen, wie Sie Ihre Familie näher zusammenzubringen und sie stärker werden lassen, während Sie sich auch um sich selbst kümmern.

Seien Sie ehrlich mit sich –
und gehen Sie zurück zum Anfang

Schließen Sie Ihre Augen. Okay, ich verstehe, dass Sie mit geschlossenen Augen nicht lesen können. Lesen Sie ein bisschen weiter und schließen Sie dann Ihre Augen. Denken Sie daran, wie Sie Ihr Kind zum ersten Mal gehalten haben. Erinnern Sie sich so gut Sie können daran, was Sie fühlten und dachten.

Als Sie dieses kleine Baby in den Armen hielten, hatten Sie Visionen von den Geschenken, die Sie diesem kleinen Bündel machen wollten – keine Geschenke zum Kaufen, sondern Geschenke der Liebe und fürs Leben. Sie stellten sich vor, wie Ihr Baby einmal sein würde.

Aber das Leben geht weiter: schmutzige Windeln, unaufgeräumte Zimmer, Kleinkinder mit Wutanfällen. Und dann sind sie Teenager. In diesem Chaos kann es leicht passieren, dass wir vergessen, was wir alles mit unseren Kindern teilen wollten, solange sie klein sind. Wir schauen auf unsere Handys, während sie auf dem Spielplatz spielen. Wir erlauben, während des Abendessens fernzusehen. Ich verstehe das! Es passiert uns allen. Wir alle sagen, die Familie ist uns wichtig, aber was wir tun, passt nicht immer zu dieser Intention.

Mein Sohn Jacob geht schon auf die High-School. Ich habe ihn wahrscheinlich nur noch zwei Jahre zu Hause, um einen Einfluss darauf zu nehmen, wer er mal „sein" wird. Habe ich genug getan, um ihm zu zeigen, was im Leben am wichtigsten ist?

Übung

Wie wollten Sie, dass Ihre Familie einmal sein würde, als Sie Ihr Baby zum ersten Mal in den Armen hielten? Schreiben Sie alles auf.

_____

_____

_____

_____

_____

_____

_____

_____

_____

_____

Lesen Sie sich noch einmal durch, was Sie aufgeschrieben haben. Diese Liste ist der Anfang Ihres Familienleitbilds.

FAMILIENLEITBILD

Ich arbeite in meiner Familie mit ähnlichen Prinzipien wie in meinem Unternehmen, daher ist es für mich ganz natürlich, ein Familienleitbild zu haben. Ich wollte es selbst kreieren, weil ich weiß, worum es bei meiner Familie gehen soll, aber damit hätte ich keine sehr guten Führungsqualitäten gezeigt. Stattdessen haben wir es als Familienaktivität während eines unserer regelmäßigen Familientreffen gemacht (mehr dazu später). Ich empfehle, sich gut zu überlegen, was Sie für Ihre Familie (und von Ihrer Familie) wollen, damit Sie diese Hoffnungen mit ihr teilen und so das Gespräch erleichtern können. Welche Geschenken der Liebe und fürs Leben möchten Sie mit Ihrer Familie teilen? In seinem Buch *The 10 Greatest Gifts I Give My Children* benutzt Steven W. Vannoy das Konzept der „Geschenke", um uns dabei zu helfen, uns auf die Werte zurückzubesinnen, die wir unseren Kindern am Anfang mitgeben wollten. Ich fasse fünf davon hier zusammen.

1. Das Geschenk, Gefühle ernst zu nehmen. Vannoy sagt: „Das Verhalten Ihrer Kinder wird nur dann eskalieren, wenn wir sie zwingen zu leugnen, wer sie wirklich sind oder was sie wirklich fühlen."

Wir müssen die Gefühle unserer Kinder ernst nehmen und dürfen nicht zu kontrollieren versuchen, wann und was sie fühlen oder nicht fühlen sollen. Als Mütter müssen wir auch unsere eigenen Gefühle voll und ganz erleben, wenn wir vorleben, was Individualität bedeutet. Stellen Sie Ihren Kindern Fragen wie „Wie fühlst du dich dabei?" und „Was findest du, was wir tun sollten?" anstatt ihnen zu sagen: „Es wird nicht geweint!" und „Dir geht's doch gut!"

2. Das Geschenk des Selbstvertrauens. Vannoy sagt: „Wer ein gutes Selbstwertgefühl hat, ist fast unbesiegbar. Egal, was passiert, Sie wissen immer noch, dass Sie eine gute und fähige Person sind, dass Sie das, was Sie tun müssen, noch einmal tun können und diesmal sogar noch besser."

Ein gesundes Selbstwertgefühl ist die beste Verteidigung Ihrer Kinder in einer grausamen Welt. Ermutigen Sie sie und helfen Sie ihnen, diese Kompetenz aufzubauen. Dies bedeutet, ihnen zu helfen, Erfolg zu haben, und ihnen zu erlauben, zu versagen. Helfen Sie Ihren Kindern, etwas zu finden, bei dem sie gut sind und das sie meistern können. Stellen Sie ihnen neue Aktivitäten vor, bis Sie etwas finden, auf das sie stolz sind.

3. Das Geschenk des Mitgefühls. Vannoy sagt: „... mitfühlend zu sein bedeutet, von einem besonderen Ort in deinem Herzen und Verstand aus zu leben, alles und den Platz eines Jeden im großen Plan des Lebens zu schätzen. Ich weiß, dass das an manchen Tagen schwierig ist, also haben Sie auch mit sich selbst Mitgefühl und erkennen Sie an, wie gut Sie alles eigentlich machen."

Wir müssen unseren Kindern beibringen, sich um andere zu kümmern, einfühlsam zu sein und Dinge aus dem Blickwinkel anderer zu sehen. Natürlich müssen wir die Verhaltensweisen vorleben, die wir von unseren Kindern erwarten. Lassen Sie sie sehen, geduldig und freundlich sind und Menschen in Not helfen.

4. Das Geschenk der Ausgeglichenheit. Vannoy sagt: „Ich möchte ein Vorbild für Gleichgewicht sein – emotionales, körperliches, spirituelles und intellektuelles Gleichgewicht. Ich möchte, dass sie wissen, dass unsere Lebensreise sowohl Schmerz und Freude, Arbeit und Spiel beinhaltet. Alles davon lehrt uns etwas über das nächste. Alle zusammen halten ein Leben gesund und produktiv."

Wir sind die Vorbilder für unsere Kinder, also müssen wir so leben, wie wir wollen, dass sie es tun. Lassen Sie Ihre Kinder sehen, wie Sie Pausen machen, spielen und ein reich-gefülltes Leben führen. Wenn Sie die Geduld verlieren, denken Sie darüber nach, ob Sie zu hart gearbeitet und Ihre Selbstfürsorge vernachlässigt haben.

5. Das Geschenk des Humors. Vannoy sagt: „Ah, das Geschenk des Humors. Nicht hänseln, niemanden verspotten, weil er anders oder weniger stark ist, sondern ein echter Ausdruck der Freude über die Schönheit und die Ironie und die kleinen Schwächen des Lebens."

Ein echter Ausdruck der Freude. Wann haben Sie zum letzten Mal tiefe FREUDE ausgedrückt, dieses Gefühl, das aus uns herausprudelt, wenn wir unser Leben in die richtige Perspektive rücken und positiv bleiben? Keine Zeit für Freude? Lesen Sie Kapitel 3 noch einmal.

Lachen ist ein Ausdruck von Freude, der die Seele erneuert und sogar gut für Ihre Gesundheit ist. Humor lässt Ihren Tag farbenfroher werden und hilft Ihnen dabei, das Leben zu genießen. Kinder, die ohne Sinn für Humor aufwachsen, leben in einem Zustand der Angst und Abwehr, dem Gegenteil von Liebe und Mut, die wir uns für sie wünschen. Wir müssen unseren Kindern helfen, den Humor in der Welt zu finden, ohne andere zu necken. Lassen Sie Ihre Kinder sehen, dass Sie über sich selbst lachen und die Welt nicht so ernst nehmen. Es ist Zeit für ein weiteres Geständnis. Dieses ist schwer für mich. Jason und ich sind beide ziemlich intensive Leute. Wir sind wahrscheinlich beide zu ernst. Wir müssen uns also bemühen, Leichtigkeit und Humor in den Alltag zu bringen.

Lassen Sie das Leben der Freude nicht in die Quere kommen. Lassen Sie sich nicht durch Geschäftigkeit davon abhalten, mit Ihren Kindern zu teilen, was Ihnen wichtig ist. Wenn Sie tiefer in die Thematik eintauchen und die anderen fünf Geschenke erfahren möchten, lesen Sie *The 10 Greatest Gifts I Give My Children*. Meine Ausgabe ist vergilbt und abgegriffen. Es ist eines dieser Bücher, zu denen ich immer wieder zurückkomme als Erinnerungshilfe für die Geschenke, die ich mit meinen Kindern teilen möchte.

Mein Familienleitbild gründet auf den Geschenken, die ich geben und erhalten möchte:

„Sei dein bestes Ich, gib dein Bestes, tu dein Bestes"

Sei dein bestes Ich: Das ist die Grundlage Ihres Seins. Die beste Version Ihrer selbst.

Gib dein Bestes: Geben ist ein wichtiges Thema in meiner Familie. Ich will meine Kinder dazu ermutigen, nach Möglichkeiten zu suchen, etwas zurückzugeben, sei es durch gemeinnützige Arbeit oder eine nette Geste im Supermarkt.

Tu dein Bestes: Uns ist egal, ob unsere Kinder Klassenbeste oder tolle Sportler werden. Uns ist wichtig, dass sie die bestmögliche Arbeit leisten, immer und bei allem, was sie tun.

Bei diesem Leitbild haben meine Kinder ganz schön mit den Augen gerollt. Aber es kommt oft auf den Tisch, wenn ein Familienmitglied sich nicht entsprechend dieser gemeinsam ausgesuchten Mission verhält. Es gibt uns eine gemeinsame Sprache.

Übung für Ihr Familienleitbild

Machen Sie diese Übung mit Ihrer Familie zusammen. Haben Sie Spaß zusammen. Schnappen Sie sich ein großes Stück Karton und packen Sie die Buntstifte aus.
Schreiben Sie alle Werte-Wörter auf, die Ihnen im Zusammenhang mit Ihrer Familie in den Sinn kommen.

_____

_____

_____

_____

_____

_____

Welche Themen kommen auf? Welches ist Ihrer Familie am aller-wichtigsten?

_____

_____

_____

_____

Kreieren Sie daraus ein einfaches, bedeutungsvolles Leitbild, das für Ihre Familie passt.

_____

_____

_____

_____

FAMILIENTREFFEN

Es gab einen Moment, in dem ich merkte, dass ich mein Unternehmen besser im Griff hatte als meine Familie. Ich hatte immer Zeit, mich mit meinen Angestellten zu verständigen, aber ich hatte nur eine vage Vorstellung davon, was in meinem eigenen Haushalt los war. Also fing ich an, jeden Montagabend zu Hause Familientreffen zu veranstalten.

Bevor ich mehr zu den Familientreffen sage, lassen Sie mich vorschlagen, dass Sie sich ein Notizbuch oder Tagebuch besorgen, das Sie nur dazu benutzen, Ihren Familienkalender, Ihre Familienziele und Gespräche aufzuschreiben. Unseres enthält unser Familienleitbild, Vorsätze fürs neue Jahr und Notizen zu den Familientreffen.

Ich finde, dass Familientreffen eine tolle Möglichkeit sind, eine Pause zu machen, sich hinzusetzen und zu kommunizieren – etwas, das nicht einfach so geschieht, wenn beide Eltern arbeiten und die Kinder auch beschäftigt sind. Bei den Familientreffen lernen die Kinder im Voraus zu planen, Probleme zu lösen und zuzuhören. Ich mache Notizen (im Familiennotizbuch natürlich) darüber, was gerade wichtig ist und wer sich um was kümmert. Diese Aufzeichnungen sind praktisch, wenn wir Änderungen an Taschengeld oder Haushaltsaufgaben vergessen oder wenn wir etwas anderes noch einmal nachsehen möchten. Es ist wie eine Art Tagebuch für das Wachstum der Familie.

Jedes Jahr nutzen wir eines unserer Familientreffen, um unsere Vorsätze fürs neue Jahr aufzuschreiben. Als meine Kinder kleiner waren und noch nicht schreiben konnten, malten sie Bilder von ihren Zielen. Es ist wichtig, dass Sie Ihre Kinder selbst entscheiden lassen, was wichtig für sie ist. Einmal war das Ziel meines Sohnes zum Beispiel, seine „Schwester weniger zu ärgern". Es ist wirklich toll, noch einmal alles durchzulesen und zu sehen, was den Kindern zu einem bestimmten Zeitpunkt besonders wichtig war. Wenn Sie mit Ihren Kindern Ziele setzen, geht es nicht darum, tolle Studenten oder Sportler aus ihnen zu machen. Es geht einfach nur darum, dass sie lernen, ihre Pläne zu ändern, wenn es mit einem Ziel nicht geklappt hat, und wie man einen Plan für das nächste Ziel macht.

Vielleicht denken Sie: „Oh Gott, das würde in meiner Familie nie funktionieren." Ich möchte dazu sagen, dass nie alles so glatt abläuft, wie es sich auf dem Papier anhört. Die Kinder verdrehen manchmal die Augen und beschweren sich, deshalb versuchen wir, es so spaßig wie möglich zu machen. Das ist auch ein toller Moment, um die Freizeitaktivitäten für den kommenden Monat zu planen. Ich suche sogar ein Charakterwort des Monats aus, auf das die Familie sich konzentrieren soll. Während des Familientreffens spielen wir Galgenmännchen, bis die Kinder darauf kommen, welches Wort es ist. Wir teilen auch das Taschengeld während der Familientreffen aus, was definitiv ein Anreiz für die Teilnahme ist.

Offene Kommunikation

Das Erlernen von Kommunikationsfähigkeiten ist ein wichtiger Teil der Familientreffen. Es ist wichtig, dass Sie vollkommen ruhig bleiben, solange noch jemand anderes spricht. Wir ermutigen auch dazu, nicht vorbelastete offene Fragen zu stellen und keine, auf die man einfach mit Ja oder Nein antworten kann. „Wie war dein Tag?" wird wahrscheinlich einfach mit „ganz gut" oder „ok" beantwortet werden. „Erzähl mir doch mal, wie dein Tag war" sollte hingegen zu einem offenen Gespräch führen.

Beispiele von geschlossenen Fragen, die Eltern gerne stellen:

- ◆ Hast du ...?
- ◆ Wann ...?
- ◆ Wirst du ...?

Offene Fragen ermuntern Kinder (und auch Erwachsene), sich sprachlich auszudrücken und ausführlichere Antworten zu geben. Ein paar Beispiele für offene Fragen:

- ◆ Was denkst du ...?
- ◆ Was passierte, als ...?
- ◆ Was mochtest du an ... am liebsten?

Manche Fragen beinhalten von vornherein eine Schuldvermutung. Sie beschämen uns und bringen uns in die Defensive. „Wieso hast du deine Schwester geschlagen?" setzt voraus, dass die Schwester geschlagen wurde. „Wieso bist du so schwierig?" noch etwas viel Schlimmeres. Die wichtigste Regel, wenn Sie mit Ihrer Familie sprechen, ist, es so zu tun, wie Sie auch möchten, dass mit Ihnen gesprochen wird.

Bleiben Sie am Ball. Am Ende werden sich Ihre Kinder daran gewöhnen, dass die Treffen stattfinden, und sie als wichtigen Teil Ihres familiären Alltags und Lebens sehen.

Bei fast jedem Familientreffen wird ein Familienmitglied zum Mitglied des Tages erkoren, dem alle anderen dann einen Grund nennen, warum sie es lieb haben. Wenn Sie Mitglied des Tages sind, bleiben Sie ganz still sitzen und hören zu. Sie dürfen nicht sprechen, bis alle anderen fertig sind.

Familientraditionen

Wir alle wollen uns irgendwo zugehörig fühlen, egal ob Kinder oder Erwachsene. Traditionen sind eine Möglichkeit, ein Gefühl von Zugehörigkeit in Ihrer Familie zu schaffen. Sie können zusammen Spaß haben, aber manche Traditionen lehren auch Werte durch Erfahrungen, wie etwa eine Sonntagsschule, Gebete oder der Gang zu religiösen Veranstaltungen als Familie. Manche Traditionen verbinden auch die Generationen miteinander, wenn zum Beispiel die Großeltern ihre Traditionen mit ihren Enkeln und Großenkeln teilen. Auf diese

Traditionen können sich alle Familienmitglieder freuen und sie helfen dabei, ein ganzes Leben voller bedeutungsvoller Erinnerungen zu schaffen.

Wahrscheinlich haben Sie mehr Traditionen als Ihnen klar ist. Machen Sie Fotos von den Kindern am ersten Schultag? Besuchen Sie die Oma an Weihnachten? Oder bemalen Ostereier?

FÜNF TIPPS FÜR IHRE FAMILIENTRADITIONEN

1. Fangen Sie klein an. Suchen Sie sich nur Traditionen aus, bei denen Sie wissen, dass Sie auch dabeibleiben werden. Wenn Sie zu viel versuchen, verlieren sie ihre Bedeutung.

2. Suchen Sie sich eine tägliche Tradition für Ihre Familie aus. Vielleicht eine Ritual zum Einschlafen oder eine gemeinsame Mahlzeit.

3. Suchen Sie sich eine wöchentliche Tradition für Ihre Familie aus. Familienspieleabend? Fritten-Freitag?

4. Suchen Sie sich eine jährliche Tradition für Ihre Familie aus. An Weihnachten in die Kirche gehen? Ostereiersuchen im Park? Ein Neujahrslauf als Familie? Eine jährliche Urlaubsreise?

5. Seien Sie nicht normal. Was ich meine ist: Bleiben Sie nicht einfach bei den üblichen Feiertagstraditionen. Schaffen Sie etwas, das nur Ihrer Familie gehört. Vielleicht einen Familienfeiertag, an dem alle blaumachen und zusammen etwas Lustiges unternehmen?

Übung: Familientradition

Diese Übung wäre ein tolles Thema für ein Familientreffen. Alle dürfen etwas vorschlagen und alle stimmen gemeinsam ab.

Was sind Ihre aktuellen Familientraditionen?

_____
_____
_____
_____
_____
_____

Welche neue(n) tägliche(n) Familientradition(en) würden Sie gerne einführen?

_____
_____
_____
_____
_____
_____

Welche neue(n) jährliche(n) Familientradition(en) würden Sie gerne einführen?

_____
_____
_____
_____
_____
_____

Heutzutage ist alles so schnelllebig. Da ist es wichtiger denn je, Traditionen als angenehme Art und Weise zu nutzen, Ihre Familie zu stärken und Sie alle näher zusammenrücken zu lassen!

Das Geschenk des Gebens

Ich. Ich. Ich.

Sehen wir der Wahrheit ins Gesicht. Wir leben in einer Selfie-Welt. Mir ist schon klar, dass ich Sie in diesem Buch dazu aufrufe, sich mehr um sich selbst zu kümmern. Aber Sie sind eine erwachsene Person, die keine große Gefahr läuft, sich selbst zu sehr in den Mittelpunkt zu stellen. Bei unseren Kindern sieht das schon ganz anders aus. Eine meiner größten Sorgen um meine Kinder ist, dass die ganzen Nachrichten, die sie täglich zu hören bekommen, so egozentrisch sind. Als Eltern haben wir auch einen Einfluss darauf, was unsere Kinder hören und sehen, und es liegt an uns Mamas, den ständigen „Ich, ich, ich"-Nachrichten etwas entgegenzusetzen. Lassen Sie uns unseren Kindern das Geschenk des Gebens zeigen.

Wir alle bekommen gerne etwas, und das ist auch in Ordnung (alles in Maßen natürlich). Aber es stimmt wirklich, dass das beste Geschenk darin besteht, etwas zurückzugeben. Viele Kinder verstehen das nicht, da die Geschenke, die wir heutzutage verschenken, oft recht gedankenlos sind. Ich gebe zu, ich mache das auch! Wir schnappen uns eine Geburtstagskarte und fertig. Wann haben Sie das letzte Mal etwas wirklich gut Durchdachtes verschenkt, das Sie extra für diese besondere Person und die Beziehung zu ihr ausgesucht haben? Und ich meine noch nicht einmal Geschenke, die Geld kosten. Was ist mit einem unerwarteten Blumenstrauß, einem hübschen Zitat oder einem Post-it, um jemanden zu inspirieren?

DIE FAKTEN

Das hier wissen wir über das Geben:

+ Menschen, die geben, sind glücklicher.
+ Menschen, die geben, sind gesünder.
+ Menschen, die geben, haben seltener Depressionen.
+ Menschen, die geben, leben länger.

Durch Zurückgeben und freiwillige Arbeit bekommen wir genauso viel, wie wir selbst geben! Schauen wir uns ein paar konkrete Möglichkeiten an.

TOMATENÜBERRASCHUNGEN

Schon mal von Tomatenüberraschungen gehört? Meine Freundin Judy hat mir das Konzept nähergelegt. Judy bringt jedem bei uns im Büro kleine Geschenke mit, um unseren Tag zu versüßen. Sie nennt das Tomatenüberraschungen. Es sind kleine Gegenstände, ein lustiger Kuli oder der Lieblingskaffee. Meine Tochter Rachel und Judy tauschen seit Jahren Tomatenüberraschungen aus. Wenn sie sich treffen, überreichen sie sich kleine Geschenke. Auch nach all den Jahren ist es für sie immer noch ein richtiges kleines Highlight. Und das Beste? Die Schenkerin freut sich mindestens genauso sehr wie die Beschenkte. Rachel hat Judy Bilder gemalt, ihr Lieblingsgedicht aufgeschrieben und ihr selbstgemachtes Badesalz geschenkt. Judy hat Bilder ausgedruckt, die Rachel mögen könnte, und ihr Malpapier und Buntstifte in einem besonderen Kästchen geschenkt. Das sind die Momente, an die wir uns später erinnern, egal ob jung oder alt. Könnten Sie zu Hause vielleicht eine Tradition der Tomatenüberraschungen initiieren?

SPENDEN

Unsere Kinder lernen aus dem, was wir tun, deshalb müssen sie sehen, wie wir selbst etwas zurückgeben. Ich spende seit Jahren an gemeinnützige Organisationen. Ich habe erst kürzlich gemerkt, dass meine Kinder davon nichts wussten, deshalb haben wir während eines unserer Familientreffen darüber gesprochen. Lassen Sie Ihre Kinder daran teilhaben, wenn Sie spenden.

> Sie haben heute noch nicht gelebt, es sei denn,
> Sie haben etwas für jemanden getan, das er Ihnen
> niemals zurückzahlen kann.
>
> —JOHN BUNYAN

TASCHENGELD

Da wir gerade von Geld sprechen: Wir haben unseren Kindern Taschengeld gegeben, seit sie ganz klein waren. Von Anfang an haben wir von dem Taschengeld 20 Prozent abgezogen. 10 Prozent werden gespart und 10 Prozent werden gespendet. So merken die Kinder schnell, dass man nicht sein ganzes Geld behalten darf, und sie lernen die guten Angewohnheiten des Sparens und Gebens.

Zehn Prozent ihres Taschengeldes reichen nicht für viel, deshalb sparen beide Kinder zusammen in einem Glas. Jeweils nach drei Monaten entscheiden wir zusammen als Familie, welche Einrichtung das Geld bekommen soll. Wir haben zum Beispiel an Tierheime oder Greenpeace gespendet. Dieses Jahr haben wir entschieden, dass das ganze Geld an die Organisation *Wounded Warriors* gehen soll. Nach Katastrophen, wie etwa Hurrikans, hat meine Tochter sogar von sich aus darum gebeten, ihr ganzes Taschengeld spenden zu dürfen.

Wie Sie sich vorstellen können, werden Ihre Kinder vielleicht nicht voller Freude auf diese Art des Gebens reagieren. Oft waren meine Kinder auch nicht davon begeistert. Das Einhalten der vorgegebenen Regeln kann schwierig sein, wenn die Kinder sich beschweren, aber ich sage mir immer wieder, dass das zur Erziehung gehört. Manche Lektionen sind eben weniger beliebt, aber ich hoffe, dass wir gute Erwachsene erziehen, nicht nur glückliche Kinder.

> ## Niemand ist je vom Geben arm geworden.
> —ANNE FRANK

ZEIT

Eine weitere Möglichkeit des Gebens ist, Ihre Zeit zu spenden. Ich weiß, das ist schwierig. Es gibt nichts Wertvolleres als Ihre Zeit, besonders als Mutter. Wenn Sie Ihre Zeit spenden, geben Sie etwas fort, das Sie nie zurückbekommen werden. Aber ist es das nicht wert? Meine Kinder haben in einer tollen Gruppe mit dem Namen Kids Korps (kidskorps.com) mitgemacht, wo sie in vielen verschiedenen Bereichen als Freiwillige arbeiten konnten, z.B. in Altenheimen, Tierheimen und Schulen für Kinder mit besonderen Bedürfnissen.

Als Familie haben wir schon mehrmals zusammen in einer Obdachlosenunterkunft ausgeholfen. Eine unserer liebsten Aktivitäten ist eine Strandsäuberung. Ich sage das nicht, damit Sie sehen, wie toll unsere

Familie ist. Um ehrlich zu sein, wäre es mir lieber, wenn das alles noch viel öfter vorkommen würde. Ich gebe Ihnen nur ein paar Ideen. Ich glaube daran, dass Kinder, die das Geben lernen, zu Erwachsenen werden, zu deren Leben es einfach auf natürliche Art und Weise dazugehört.

Vor Kurzem war unser Wort der Woche *Großzügigkeit*. Wir haben mit unseren Kindern darüber gesprochen, dass es viele Möglichkeiten gibt, großzügig zu sein. Dazu haben wir uns von einigen Beispielen inspirieren lassen, die mein Freund Jay Blahnik in einem Vortrag beschreibt. Im Folgenden liste ich Ihnen einige wichtige Punkte auf.

SECHS ARTEN GROSSZÜGIG ZU SEIN

1. **Seien Sie großzügig mit Ihrer ZEIT.** Auch wenn es hart ist, schenken Sie Ihre Zeit, Ihr höchstes Gut. Mein Sohn hatte an diesem Tag in der Schulklasse seiner Schwester ausgeholfen, deshalb haben wir das als ein tolles Beispiel aufgeschrieben. Wir sagten auch, dass wenn Mama und Papa aufhören zu arbeiten, um mit den Kindern zu spielen, das eines der besten Geschenke ist, die wir ihnen machen können.

2. **Seien Sie großzügig mit Ihrem TALENT.** Helfen Sie dort, wo Sie die entsprechenden Fähigkeiten haben. Einige Beispiele hierfür waren z. B. einen Freund beim Lernen unterstützen, jemandem ein Schlüsselband basteln oder mit Mama zusammen einen Fitnesskurs leiten.

3. **Seien Sie großzügig mit Ihrem BESITZ.** Für diesen Punkt habe ich mich mit einer großen Schüssel Süßem hingesetzt (ein echter Schocker in meinem Haus). Ich habe meine Kinder gefragt, wie sie sich fühlen würden, wenn ich alles selbst behalten würde.

„Schlecht", sagten sie. Dann gab ich jedem von ihnen eine Süßigkeit und fragte, ob es wirklich gerecht von mir wäre, wenn ich nur ein oder zwei Dinge abgäbe. Ich hatte ja so viele, dass ich es kaum merken würde. „Nein, wenn du sie gar nicht vermisst, ist es nicht wirklich großzügig", sagten sie. Also teilte ich alles auf, sie waren glücklich und ich fühlte mich auch toll. Ich erklärte, dass wir mehr geben müssen als uns leichtfällt, um wirklich großzügig zu sein.

4. **Seien Sie großzügig mit Ihren TEXTEN.** Großzügig mit unseren geschriebenen Worten umzugehen, kann jemanden sehr glücklich machen und es kostet uns nichts. Schreiben Sie eine nette Textnachricht oder hinterlassen Sie einen kleinen Liebesbrief. Schreiben Sie Ihren Kindern auf den Spiegel, dass Sie sie liebhaben, und es wird ihnen den Tag versüßen.

5. **Seien Sie großzügig mit Ihren GESPRÄCHEN.** Haben Sie gesagt, was gesagt werden musste? Unsere Worte haben so viel Kraft. Ich möchte, dass meine Kinder sie gezielt nutzen, um anderen eine Freude zu machen. Wir fragten, wann sie das letzte Mal jemandem etwas besonders Schönes gesagt hatten und schlugen vor, dass sie ihre Großeltern anrufen könnten, einfach nur um ihnen zu sagen, dass sie sie gerne haben.

6. **Seien Sie großzügig mit Ihren BERÜHRUNGEN.** Diesen Punkt finde ich besonders toll. Eine gute Umarmung, eine gehaltene Hand, eine Berührung des Rückens oder der Schulter – sie können so wichtig sein, um jemanden zu unterstützen und eine Verbindung herzustellen. Durch Berührungen fühlen wir uns alle besser, egal ob jung oder alt, groß oder klein.

Während dieser „Großzügigkeitswoche" fragten wir unsere Kinder jeden Abend, was sie an dem jeweiligen Tag Großzügiges getan hatten. Ihre Antworten haben mein Mutterherz erwärmt. Ich hoffe, dass die Aktion vielleicht, nur vielleicht, einen langfristigen positiven Effekt auf meine Familie haben wird.

Monatsaufgabe

Oktober:

Kaufen Sie ein Familien-Notizbuch und machen Sie ein Familientreffen. Schaffen Sie eine neue Familientradition. Suchen Sie eine Wohltätigkeitsaktion aus.

Streben Sie nicht weiter nach Perfektion. Streben Sie danach, besser zu werden als gestern.

Gehen Sie nicht einfach nur durch dieses Jahr hindurch. Wachsen Sie durch es!

Kapitel 11

Hinterlassen Sie Ihr Vermächtnis

Wie ich schon am Anfang des Buches sagte, glaube ich aufrichtig, dass wir als Eltern unseren Kindern ein Vermächtnis hinterlassen. Unsere Kinder lernen von uns, ihre Kinder werden von ihnen lernen und immer so weiter. Was für ein Geschenk und was für eine einmalige Gelegenheit! Jede Generation ist ein kleines bisschen schlaucr als die vorige. Wir haben die Chance, unseren Kindern als gesunde Vorbilder zu dienen und den Weg zu einem positiven, gesunden Leben für unsere Kinder und Kindeskinder zu ebnen.

Ihr Vermächtnis, Wiederaufnahme

Erinnern Sie sich daran, wie wir am Anfang des Buches über Ihr Vermächtnis gesprochen haben? Lassen Sie uns dieses Thema jetzt noch einmal anschauen, wo Sie nach der Lektüre des Buches eine andere Perspektive auf Ihr Leben haben.

Übung: Vermächtnis

Tut mir leid, wenn es wieder etwas makaber klingt, aber ich frage Sie erneut: Wie möchten Sie in Erinnerung behalten werden? Hoffentlich wird es erst in vielen, vielen, vielen Jahren so weit sein.

Was wünschen Sie sich: Wie sollen sich Ihre Kinder an Sie erinnern?

_____

_____

Was wünschen Sie sich: Wie soll sich Ihr Partner an Sie erinnern?

_____

_____

Und Ihre Freunde?

_____

_____

Halten Sie Ihre Antworten griffbereit, damit Sie sie für Ihren persönlichen Aktionsplan weiter hinten im Kapitel verwenden können.

Ihre Partnerschaft

Wir haben hauptsächlich über Ihre Beziehung zu sich selbst und zu Ihren Kindern gesprochen, aber wir dürfen Ihren Partner nicht aus den Augen verlieren. Die meisten Mütter sagen, dass ihre Partnerschaft definitiv unter den Elternverpflichtungen leidet. Ich weiß, es ist einfach, das Chaos des Elternseins überhandnehmen zu lassen. Aber die Romantik neu anzufachen, könnte nicht nur Ihnen selbst, sondern auch Ihren Kindern zugutekommen.

Wie hätten Sie gerne, dass Ihr Sohn seine Ehefrau oder Partnerin behandelt? Wie hätten Sie gerne, dass Ihre Tochter Ihren Ehemann oder Partner behandelt? Wenn wir möchten, dass unsere Kinder verstehen, wie Unterstützung, Romantik und Liebe aussehen, dann müssen wir ihnen zeigen, wie man das macht. Halten Sie sich bereit – das wird ein ganz tolles Thema!

Randnotiz: Ich spreche zwar darüber, etwas für „ihn" zu tun, aber ich respektiere alle Definitionen von Partnerschaft. Bitte ändern Sie das Pronomen einfach, wenn etwas anderes für Ihr persönliches Leben besser passt.

Erinnern Sie sich daran, wie es war, als Sie anfingen, miteinander auszugehen?

Erinnern Sie sich an das Flirten?

Wie Sie sich darauf freuten, ihn oder sie mit etwas zu überraschen? Innige Küsse?

Ihm/ihr tief in die Augen zu schauen?

Händchenhalten?

Einfach so ein Geschenk kaufen?

Das scheint vor langer, langer Zeit gewesen zu sein. Ich verstehe das, glauben Sie mir. Ich denke, Kinder sind ein Anti-Aphrodisiakum. Für mein Sexleben sind sie wie Kryptonit. Elternsein ist in jeder Phase anstrengend, und die Romantik wird unter allem anderen begraben. Es sei denn, Sie strengen sich ein bisschen an, um die Sache wieder ans Laufen zu bekommen. Falls Sie zu müde sind, um sich darüber Gedanken zu machen, fangen Sie einfach mit der folgenden Liste an.

ZEHN MÖGLICHKEITEN, DEN FUNKEN (NEU) ZU ENTZÜNDEN

1. Geben Sie ihm einen 10-Sekunden-Kuss.
2. Ziehen Sie Ihren hübschesten Slip an und lassen Sie es ihn wissen.
3. Hinterlassen Sie eine Überraschungsnachricht für ihn im Auto.
4. Schreiben Sie ihm eine pikante Textnachricht.
5. Kochen Sie einfach so sein Lieblingsessen.
6. Halten Sie Platz im Kalender für einen Abend zu zweit frei.

7. Spielen Sie. Kitzeln Sie sich oder kämpfen Sie zum Spaß, auch wenn die Kinder dabei sind.
8. Gehen Sie zusammen spazieren und halten Sie dabei Händchen.
9. Halten Sie zu zweit zu Hause eine Happy Hour vor dem Abendessen ab.
10. Haben Sie Sex.

Ich kann Sie schon sagen hören, dass Sie zu müde sind, um in Stimmung zu kommen, aber diese Ausrede ignoriere ich einfach. Dr. Laura, Ehe- und Familienberaterin und Moderatorin einer Radio-Talkshow, sagt, dass wenn die Leute nur Sex hätten, wenn beide gerade zufällig richtig in Stimmung sind, niemand mehr Sex hätte. Also tun Sie eines dieser Dinge, auch wenn Sie gerade nicht in Stimmung sind, und schaffen Sie so ein bisschen Romantik. Verabreden Sie mindestens einmal im Monat ein Date. Finden Sie einen Weg, einmal am Tag mit Ihrem Partner in Verbindung zu treten, auch, wenn es nur für ein paar Minuten ist. Ich denke, Sie werden überrascht sein, wie viele Funken noch sprühen.

DIE ARBEIT AUFTEILEN

Auch wenn Sie den Funken in Ihrer Beziehung wieder entzünden, können Diskussionen um die Arbeitsverteilung ihn in zwei Minuten wieder auslöschen. Viele Streitereien zwischen Eltern ergeben sich aus ungerechter Arbeitsverteilung, wenn es um die Kinder, die Wäsche, das Kochen und Einkaufen, den Haushalt, den Elternbeirat und so weiter und so fort geht. Ich denke, wir nehmen einfach an, die Arbeitsverteilung sollte gleichmäßig verteilt sein. Aber ich bin mir nicht sicher ob „gleichmäßig" das richtige Ziel ist.

Ich spreche mit so vielen Müttern, die über ihre Männer sehr frustriert sind. „Es ist einfach nicht fair", höre ich immer wieder. „Wir kümmern uns um die Kinder, den Haushalt und unsere Jobs." Die Arbeitsverteilung ist sehr unausgeglichen, wenn Sie es so gegeneinander aufrechnen.

Eine meiner besten Freundinnen beschwert sich, dass ihr Mann nicht so oft kocht wie sie. Nicht so viel? Ich wäre total aus dem Häuschen, wenn mein Mann überhaupt kochen würde. Ich will mich aber nicht über meinen Mann beschweren, denn er erledigt viele andere

Sachen. Aber wir versuchen definitiv nicht, jeweils von allem gleich viel zu machen. Wir sprechen vielmehr darüber, was erledigt werden muss. Er wird wahrscheinlich nicht das Haus saubermachen oder kochen, aber er hilft mir, indem er sich um die Autos, Versicherungen, die Bankangelegenheiten und vieles andere kümmert. Sheryl Sandberg würde jetzt sagen, dass ich taffer werden muss, dass wir beide Geld einbringen und er deshalb mehr im Haushalt helfen sollte. Sorry, Sheryl, aber ich komme ganz gut damit klar, wie wir uns arrangiert haben. Jason und ich versuchen nicht, die perfekte Balance hinzubekommen. Wir gleichen uns gegenseitig aus und wir halten uns den Rücken frei, wenn wir sehen, dass der andere überlastet ist.

Niemand von uns sollte für jemand anderen entscheiden, was fair ist. Das einzig Wichtige ist, dass Ihr Partner und Sie mit Ihrem Arrangement zufrieden sind.

Wie teilen Ihr Partner und Sie die Verantwortungen und Aufgaben des Familienlebens auf? Machen Sie eine Liste und tauschen Sie sich darüber aus.

Sind Sie beide zufrieden mit Ihrer Arbeitsaufteilung? Vielleicht können Sie zusammen die Liste Punkt für Punkt durchgehen und besprechen, ob irgendwelche Änderungen nötig sind.

DIE SPRACHE DER LIEBE

Wie schaffen Sie es, dass Ihre Ehe funktioniert? Eines der besten Dinge, die ich in meiner Ehe entdeckt habe, ist unsere Liebessprache. Gary Chapman beschreibt das Konzept in seinem Buch *Die fünf Sprachen der Liebe*. Chapman erklärt, dass es fünf grundlegende Sprachen der Liebe gibt – „Arten, auf die Menschen emotionale Liebe ausspreschen und verstehen."

+ Liebesdienste
+ Qualitativ hochwertige Zeit
+ Bestätigende Worte
+ Geschenke
+ Körperliche Berührungen

Sie mögen wahrscheinlich all diese „Sprachen", aber ein oder zwei sind die für Sie persönlich bedeutsamsten. Wirklich wichtig wird das Ganze, wenn wir in einer Beziehung einfach annehmen, dass wir die gleichen Liebessprachen mit unserem Partner teilen und das geben, was wir auch gerne bekommen würden.

Die Chancen sind ziemlich hoch, dass Ihre Haupt-Liebessprache nicht der Ihres Partners entspricht. Meine Haupt-Liebessprache ist zum Beispiel qualitativ hochwertige Zeit, deshalb strengte ich mich an, um ganz besondere Moment zwischen uns zu schaffen. Aber Jasons Haupt-Liebessprache sind bestätigende Worte. Indem ich versuchte, ihm eine schöne Zeit zu bereiten, sprach ich nur meine eigene Liebessprache. Wenn wir uns stritten, vergaß ich mich vielleicht manchmal und sagte etwas wie „Du bist ein blöder Depp" (in Wirklichkeit habe ich andere Schimpfwörter benutzt). Das war dann für ihn besonders schmerzhaft.

Wenn Jason hingegen an seinem Handy herumspielte, während wir uns unterhielten, war das für mich, als würde er mich einen „Deppen" nennen. Man sollte denken, dass wir nach Jahren der Ehe unsere jeweilige Liebessprache bereits selbst herausgefunden hätten, aber nein. Nach fünfzehn Ehejahren sahen wir uns gegenseitig dabei zu, wie wir das Love Language Quiz machten (siehe Seite 221). Wir waren ziemlich sicher, dass wir wussten, wie die andere Person antworten würde, deshalb waren wir überrascht. Bis dahin hatten wir die Liebessprache des anderen vollkommen falsch verstanden! Jetzt weiß ich, was für Jason wichtig ist, und er weiß, was mir wichtig ist. Er hat sich eine Liste mit Dingen gemacht, mit denen man eine Person, der wertvolle Zeit zu zweit wichtig ist, erfreuen kann.

Falls Sie denken, dass die Liebessprachen auch eine tolle Art sein könnten, um Ihre Kinder zu verstehen, haben Sie Glück. Gary Chapman hat auch *Die fünf Sprachen der Liebe für Kinder* geschrieben.

GRUNDLAGEN DER LIEBE

Welche drei Dinge sind für Sie in einer Liebesbeziehung absolut grundlegend?

1. _____

2. _____

3. _____

Bevor Sie nervös werden, weil Sie diese Dinge in Ihrem Leben nicht bekommen, möchte ich Ihnen eine Frage stellen. Geben SIE sich denn all diese drei Dinge? Alles fängt bei Ihnen selbst an.

DIE NÄCHSTE GENERATION

Wir haben über das Vermächtnis gesprochen, das Sie hinterlassen wollen, aber wovon wollen Sie, dass Ihre Kinder es an ihre eigenen Familien und zukünftige Generationen weitergeben? Überprüfen Sie hier die Pläne, die Sie beim Lesen des Buches gemacht haben.

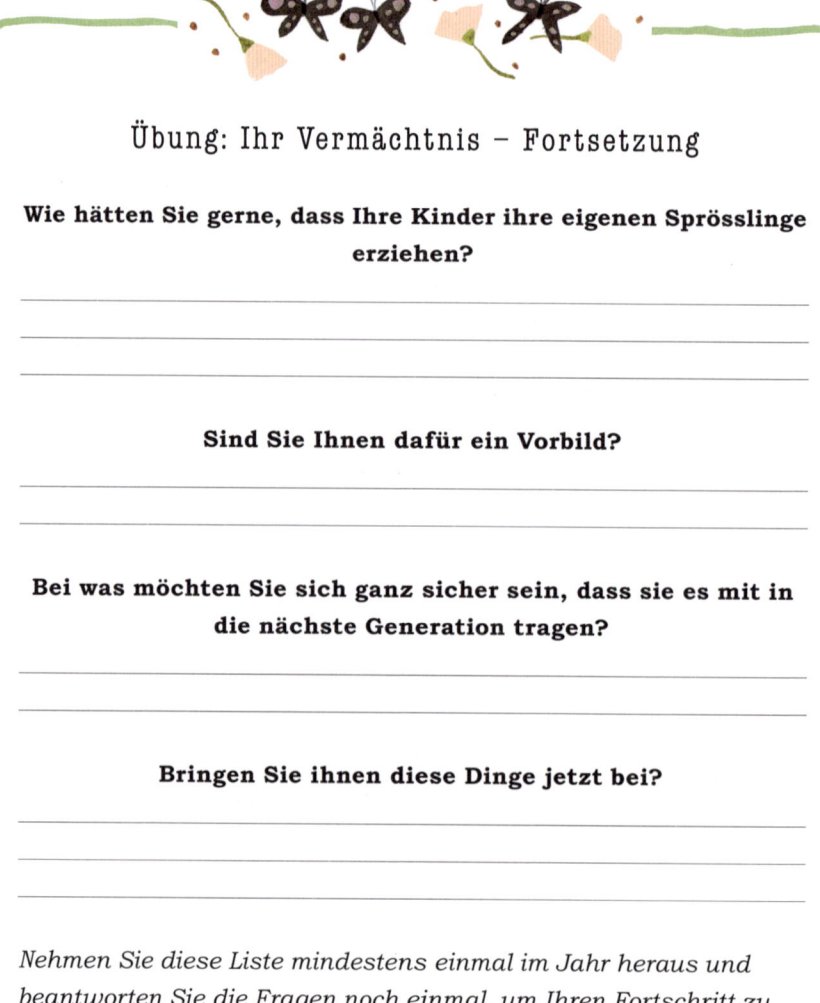

Übung: Ihr Vermächtnis – Fortsetzung

Wie hätten Sie gerne, dass Ihre Kinder ihre eigenen Sprösslinge erziehen?

_____

_____

_____

Sind Sie Ihnen dafür ein Vorbild?

_____

_____

Bei was möchten Sie sich ganz sicher sein, dass sie es mit in die nächste Generation tragen?

_____

_____

Bringen Sie ihnen diese Dinge jetzt bei?

_____

_____

_____

Nehmen Sie diese Liste mindestens einmal im Jahr heraus und beantworten Sie die Fragen noch einmal, um Ihren Fortschritt zu überprüfen und um auf dem richtigen Weg zu bleiben.

STARKE MAMAS

Monatsaufgabe

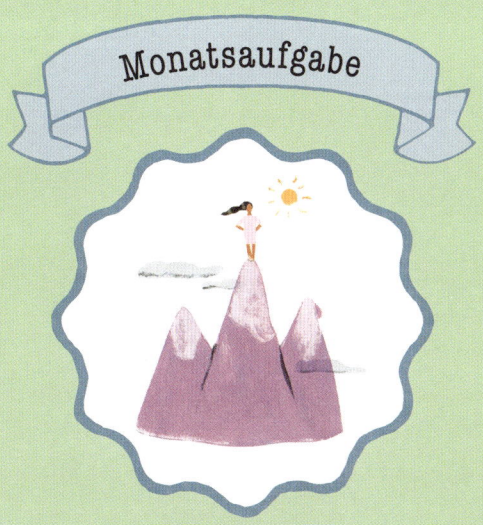

November:

Machen Sie das *Language of Love Quiz* (siehe Seite 204) mit Ihrem Partner.

Streben Sie nicht weiter nach Perfektion. Streben Sie danach, besser zu werden als gestern. Gehen Sie nicht einfach nur durch dieses Jahr hindurch. Wachsen Sie durch es!

Kapitel 12

Zeit zum Feiern!

Dies ist ein kurzes Kapitel – nicht, weil es weniger wichtig ist, sondern weil es einfach eine Feier dessen ist, was Sie bereits erreicht haben. Es ist keine zusätzliche Nacharbeit mehr erforderlich, keine beängstigende Planung, kein großes Risiko. In diesem Kapitel werden wir einfach dankbar sein und feiern! Ich weiß, wir meinen oft, dass wir uns nicht die Zeit zum Feiern nehmen können, aber bitte überspringen Sie dieses Kapitel nicht. Es ist wichtig.

Seien Sie dankbar

Vielleicht haben Sie auf Facebook Freunde gesehen (oder es von ihnen selbst gehört), die an einer „Dankbarkeits-Challenge" teilnehmen. Dabei überlegen sie sich jeden Tag drei Dinge, für die Sie dankbar sind. Wenn Sie denken, dass das eine tolle Idee ist: HERVORRAGEND! Willkommen an Bord. Wenn Sie gerade die Augen verdrehen, weil Sie diese Dankbarkeitsgeschichte nun wirklich schon kennen: genauso HERVORRAGEND! Wir alle können die Übung gebrauchen.

Ich habe versprochen, das hier ganz einfach zu halten, also sage ich nur eines: Je dankbarer Sie werden, desto dankbarer werden Sie. Ja, genau, lesen Sie das noch einmal. Wenn Sie Ihre Dankbarkeit ausdrücken, wächst sie – auch, wenn Sie nur anerkennen, dass Sie für etwas ganz Kleines dankbar sind, zum Beispiel, wenn Ihre Kinder heute Morgen pünktlich fertig für die Schule waren. Erinnern Sie sich daran, wie wir in Kapitel 5 (Seite 106) unseren Fokus überprüft haben? Das hier ist dieselbe Idee. Sie werden das bekommen, worauf Sie sich konzentrieren.

Lassen Sie uns das Konzept üben. Listen Sie spontan zehn Dinge auf, für die Sie jetzt gerade dankbar sind.

1. _____
2. _____
3. _____
4. _____
5. _____
6. _____
7. _____
8. _____
9. _____
10. _____

Merken Sie, wie Sie sich fühlen, nachdem Sie sich nur zehnmal darauf konzentriert haben, wofür Sie dankbar sind? Stellen Sie sich vor, welche Veränderungen Sie hervorrufen können, wenn Sie das Dankbarsein üben und jeden Tag dankbarer werden.

Nehmen Sie sich jetzt einen Moment Zeit zu überlegen, welche kleine Gewohnheit Sie in Ihren Alltag einbauen können, um sich daran zu erinnern, dankbar zu sein. Schreiben Sie sich diese auf.

Meine Freundin Farel hat mir ein Dankbarkeitstagebuch geschenkt. Ich beginne jeden Tag, indem ich ein Ding aufschreibe, für das ich dankbar bin. Dankbarkeit ist erwiesenermaßen gut für Sie. Dankbarkeit macht Sie glücklicher, selbstbewusster, gesünder und vieles mehr. Und es ist so einfach!

Ich habe einige meiner Freunde und Freundinnen gefragt, wofür sie dankbar sind, und das sind ihre Antworten:

- Lynsey W. M.: Meine Gesundheit:) Danke, #fit4mom!
- G.G. B.: Dass meine Kinder so gute Herzen haben!
- Amy H. F.: Die Möglichkeit, Mutter sein zu können, aber auch eine Karriere zu verfolgen, die ich liebe. #FIT4MOM.
- Erin H.: Ich bin dankbar für einen Ehemann, der versteht, dass ich als Mutter und Geschäftsinhaberin Zeit brauche, um für mich allein zu sein/zu trainieren/Stress rauszulassen. Und dass er versteht, dass meine Zeit wichtig ist und dass manchmal Kinderbetreuung von außen nötig ist, um Dinge zu erledigen.
- Joanna B. G.: Meine Espressomaschine mit Knöpfen zum Mahlen und Kaffeemachen. Auch, dass meine Kinder meinen Bekannten- und Freundeskreis erweitert haben. Durch Kinder bekommt man superschnell neue Kontakte!
- Rebecca I.-H.: Ich bin dankbar, dass meine Kinder mich dazu bringen, ein besserer Mensch sein zu wollen, der härter arbeitet, um ihr Leben besser zu machen. Ich bin dankbar, dass mein Sohn so tatkräftig und talentiert ist und es insgeheim mag, wenn ich ihn anfeuere, wenn er auf seinen Roller springt. Ich bin dankbar, dass meine Tochter so fröhlich und voller Leben ist, dass es mich daran erinnert, nicht so gestresst zu sein. Ich bin dankbar dafür, mein Engelkind zu haben, das vielleicht nicht hier bei mir ist, aber mich jeden Tag von oben beobachtet und wenn ich das Gefühl habe, dass mir das Leben zu viel wird, bringt mein Engel-

baby mich zurück auf den richtigen Pfad und erinnert mich an all das Gute, das ich hier und jetzt habe. Meine Kinder bringen mich dazu, jeden Tag aufstehen und etwas Neues lernen zu wollen und wie ein Kind zu spielen, wenn ich nur eine Erwachsene sein will.

+ Lee S.: Ihre Neugier und ihre Art, die Welt auf so unschuldige Weise zu sehen. Außerdem die Tatsache, dass das Leben mit ihnen magisch ist, weil sie an Einhörner, den Weihnachtsmann usw. glauben.

+ Dina C.: Ich bin dankbar, dass ich durch meine Kinder demütig bleibe! Kinder haben eine schöne Art sicherzustellen, dass dein Ego in Schach gehalten wird! Und das ist eine gute Sache!!

+ Kristy B. F.: Ein Ehemann, der mich super unterstützt, egal was kommt. Es ist wunderschön, ihn als Vater zu sehen, und dass er mich sowohl als Ehefrau als auch als Mutter unterstützt, hilft mir, in beiden Jobs besser zu sein.

+ Katy T.: Mein Dorf. Ich bin so dankbar für die Unterstützung meiner Freunde.

+ Darcy P.: Die Tatsache, dass ich mit einigen Leuten so albern sein kann, wie ich will und nicht verurteilt werde!

+ Brie M.: Ich bin dankbar für die Liebe, die ich von meinem Sohn bekomme!

+ Erin B.: Mein Mann!!!

+ JoAnn H. F.: Die Tatsache, dass mein Mann ein gutes Beispiel für meine Jungs ist, damit sie in Zukunft gute Ehemänner und Väter werden.

+ Lindsay S.: Das zufällige „Ich liebe dich", das aus dem Nichts kommt, aber genau dann, wenn du es brauchst.

+ Jodi D. L.: Lebenslange Freunde.

+ Bridget D.: Ich bin dankbar, dass ich dadurch, dass ich mein Leben durch die Augen der Elternschaft sehe, zu einem besseren Menschen geworden bin. All diese Dinge, die ich meinen Kindern beibringen möchte – Ehrlichkeit, Integrität, harte Arbeit, Ausdauer – sind Dinge, die ich auch selbst versuche vorzuleben. Zu wissen, dass sie mir dabei zuschauen, hilft mir, jeden Tag besser zu werden.

+ Elizabeth H.: Für Gesundheit und relativen Wohlstand, solide Freundschaften, das herausfordernde Team von FIT4MOM und einige tolle Autoren, die ich regelmäßig konsultiere – Brené Brown, Seth Godin, Rob Bell, Liz Gilbert und Glennon von Momastery –, die mich gesund und auf dem richtigen Weg halten.

- Becca B.: Dafür, dass ich endlich verstehe, wie sehr meine Mutter mich liebt – ich bin völlig überwältigt von diesem Gefühl!
- April S.: Wie meine Tochter MICH lehrt, nicht zu urteilen!!! ICH LIE-BE SIE!!!!!
- Jeannine M.: Dafür, dass ich eine Ausrede habe, mich lächerlich zu machen. Ich bin dankbar, dass ich das Glück habe, mir keine Sorgen darüber machen zu müssen, wie ich meinen Kindern die nächste Mahlzeit geben oder ihnen Schuhe kaufen soll. Ich bin dankbar, dass meine größte Sorge ist, welches College mein ältester Sohn im nächsten Jahr besuchen wird. So viele von uns, die im Wohlstand der oberen Mittelklasse leben, vergessen leicht die erstaunliche Anzahl von Eltern, die ständig darum kämpfen, die Lebensgrundlage für ihre Familien zu sichern. Ich bin dankbar, dass ich nicht in dieser Situation bin und dafür, dass ich meine Zeit und mein Geld geben kann, um jenen zu helfen, die sie nötiger brauchen und auch für all euch wundervolle Eltern, die dasselbe tun.
- Jennifer A. N.: Kichern, Kuscheln und bedingungslose Liebe.
- Kristin M.: Kuscheln am Morgen und die Albernheit.
- Adrienne F.: Dafür, dass Gute-Nacht-Geschichten immer noch „in" sind, auch wenn sie älter werden (und dass die Geschichten viel interessanter werden!).
- Caitlin S.: Ich bin dankbar dafür, wie meine Kinder die Welt sehen und für die Perspektive, die mir das gibt.
- Megan A.: Nasse Babyküsse, gute Freunde und Starbucks Lattes.
- Leah P.: Ich bin dankbar, dass mein Mann eine großartige Arbeit hat, die es uns erlaubt, uns keine Gedanken über Finanzen zu machen. Es erlaubt uns, uns auf die Familie zu konzentrieren.
- Adrianne V.T.: Ich bin dankbar für meinen Teilzeitjob, der es mir ermöglicht, viel von dem Wissen anzuwenden, das ich während des College und der Graduate School so hart erarbeitet habe. Auch dafür, dass ich einen finanziell Beitrag für die Familie leiste, aber trotzdem viel Zeit mit meinen Kindern verbringe.
- Rosanna V. B.: Ich bin dankbar, dass ich keinen Einsatz habe. Aber ich bin auch dankbar dafür, dass ich als Soldatin und als Mutter Erfahrungen gemacht habe. Es hat mir wirklich geholfen, die kleinen Dinge mit anderen Augen zu sehen.
- Leanne B.: Ich bin dankbar dafür, dass ich meine Kinder mag. Es kommt mir vor, als wäre das etwas anderes als sie zu lieben. Sie

verwandeln sich in wirklich nette Leute, die ich gerne hätte, selbst wenn sie nicht meine eigenen Kinder wären.

- Stacey H.: Einfach nur, dass ich meine Tochter überhaupt bekommen konnte. Es hat fünf Jahre und die Hilfe vieler Ärzte gebraucht!
- Stephanie G. R.: Vielleicht kitschig, aber ich bin wirklich dankbar, dass wir frische Vollwertkost bekommen und warme Betten und Mäntel und Schuhe haben. Ich lebe in den Ausläufern der Appalachen und es gibt Hunderte von Familien, die in den Bergen leben und nichts haben. Sie sind nur ein paar Minuten mit dem Auto von meiner Tür entfernt. Also denke ich jeden Tag an diese Familien, wenn mein Sohn sich aussuchen kann, was er zum Frühstück haben möchte. Ich bin sehr dankbar.
- Julz A.: Dafür, dass Kaffee legal und leicht zu haben ist.
- Ashley V.: Ich bin dankbar für meine Mutter. Ohne sie wären wir verloren, da sie mit meinem Kleinen spielt und auf ihn aufpasst, während wir arbeiten.
- Andrea O.: Ich bin dankbar, dass meine Kinder mich ermutigt haben, als Person zu wachsen. Dafür, dass ich es geschafft habe, dysfunktionale Abläufe aus meiner Herkunftsfamilie aufzubrechen. Ich war damit gesegnet, in einem Haus mit viel Liebe und Zuneigung aufzuwachsen, aber niemand zeigte mir die „harten Seiten" des Lebens. Das Leben ist chaotisch. Ich nehme das an und bin ein Vorbild für meine Kinder – sie lernen, dass niemand perfekt ist.
- Irene K. T.: Für diese dreißig Sekunden, in denen das Haus „sauber" ist, nachdem ich Stunden damit verbracht habe, es zu putzen. Aber noch wichtiger ... die Kuschelzeit im großen Bett mit der ganzen Familie und den Hunden an einem faulen Morgen. Das ist ganz normal für uns. Mama liebt ihre Kuschelzeit und zum Glück beschwert sich niemand darüber!
- Lauragail L.-D.: Für Schultage, wenn alle meine Kinder in der Schule sind und ich mir in Ruhe eine Gesichtsbehandlung gönne.
- Farel H.: Dafür, dieses unglaubliche Leben jeden Tag durch die brillanten „Augen" meiner Mädchen sehen zu können.
- Miranda Z.: Ich bin dankbar für die endlosen Mengen an Energie und Fantasie, die meine Jungs haben.
- Hilary S.: Endlose Kuscheleinheiten.
- Judy B.: Dafür, dass alles immer noch besser wird ... wartet nur, bis ihr Enkel habt, ihr Lieben! Das ist wirklich das BESTE!

Denken Sie noch einmal nach

Schauen Sie noch einmal zurück auf die Minischritte, die Sie dieses Jahr gemacht haben. Was hat Sie am meisten angesprochen? Woran wollen Sie noch weiterarbeiten? Die Idee ist nicht, nach der Lektüre des Buches plötzlich perfekt zu sein. Es ging vielmehr darum, Ihnen Werkzeuge für ein Leben als glückliche, gesunde Mama an die Hand zu geben.

Feiern Sie!

Jetzt, da Sie im Dankbarkeits-Modus sind, gehen wir noch einen Schritt weiter zum Feiern. Wir alle lieben Partys. Wieso feiern wir also unseren eigenen Erfolg nicht öfter? Feiern ist eine Form der positiven Bestätigung. Sie unterstützen so das Verhalten, das Sie gerne öfter an den Tag legen würden. Wenn wir feiern, nehmen wir uns einen Moment Zeit zum Nachdenken über das, was wir gelernt haben, damit wir planen können, mehr davon zu tun. Ihren Erfolg zu feiern wird Ihnen zu einer erfolgreichen Denkweise verhelfen. Feiern fühlt sich gut an und inspiriert andere (hoffentlich Ihre Familie).

Übung: Feiern Sie die Minischritte, die Sie gemacht haben

Denken Sie an die Minischritte, die Sie dieses Jahr gemacht haben, um etwas zu verändern. Denken Sie daran, wie sie sich alle aufsummiert haben.

Was sind einige positive Veränderungen, die Sie in Ihrem Leben bemerkt haben? Schreiben Sie sie auf.

_____

_____

_____

Na, also das sind nun wirklich Gründe zum Feiern!

Fortsetzung auf der nächsten Seite.

Welche fünf Gründe haben Sie noch, um zu feiern?

1. _____

2. _____

3. _____

4. _____

5. _____

Nach einem Sportmatch überprüft der Coach, was gut und schlecht war und was beim nächsten Mal besser werden muss. Und er feuert das Team nach einem Sieg an. Wie wäre es mit diesem Vorschlag? Prüfen Sie am Ende eines jeden Monats, was gut gelaufen ist, was nicht so gut gelaufen ist und was Sie gelernt haben. Und feiern Sie, wenn Sie vorangekommen sind!

Ich nehme an, wir sind fertig. Naja, nicht wirklich. Wir alle entwickeln uns ständig weiter. Ich arbeite immer noch weiter an mir, genauso wie Sie. Ich hoffe, dieses Buch bleibt auf Ihrem Nachttisch liegen und erinnert Sie weiterhin daran, wie Sie sich ein schönes Leben schaffen können und wie Sie Ihre Kinder im guten Sinne beeinflussen können, indem Sie sich um sich selbst kümmern!

Wie wir bei FIT4MOM zum Spaß sagen: „Mama sein ist ganz schön krass". Ja, die Tage sind lang, aber die Jahre werden so schnell vorübergehen. Ja, manchmal scheint es unglaublich hart zu sein. Und ich sage Ihnen, dass Sie Ihre eigene Flamme aufleuchten lassen müssen, denn SIE sind der Motor der Veränderung in Ihrer Familie. IM Muttersein selbst liegt Kraft. In unserem Mütterdorf liegt Kraft.

Ich glaube an die Kraft der Mütter. Ich glaube an Sie!

Dezember:

Schreiben Sie jeden Tag etwas auf, wofür Sie dankbar sind, und bitten Sie auch Ihre Familie darum. Tauschen Sie sich darüber aus. Feiern Sie einmal in der Woche zusammen.

Streben Sie nicht weiter nach Perfektion. Streben Sie danach, besser zu werden als gestern.

Gehen Sie nicht einfach nur durch dieses Jahr hindurch. Wachsen Sie durch es!

Ressourcen

BÜCHER UND ARTIKEL

Allen, David. 2015. *Wie ich die Dinge geregelt kriege: Selbstmanagement für den Alltag.* München, Zürich: Piper.

Brown, Brené. 2017. *Verletzlichkeit macht stark: Wie wir unsere Schutzmechanismen aufgeben und innerlich reich werden.* München: Goldmann.

Brown, Brené. 2016. *Laufen lernt man nur durch Hinfallen: Wie wir zu echter innerer Stärke finden.* München: Kailash.

Chapman, Gary. 2015. *Die fünf Sprachen der Liebe: Wie Kommunikation in der Ehe gelingt.* Marburg an der Lahn: Francke.

Collins, M. E. 1991. *"Body figure perceptions and preferences among pre-adolescent children."* International Journal of Eating Disorders 10, no. 2, 199–208.

Davis, Ken. 2012. *Fully Alive: A journey that will change your life.* Nashville: Thomas Nelson.

Ducker, Chris. 2014. *Virtual Freedom: How to work with virtual staff to buy more time, become more productive, and build your dream business.* New York: BenBella.

Grout, Pam. 2015. *E²: Wie Ihre Gedanken die Welt verändern. Neun Beweise zum selbst testen.* Berlin: Ullstein.

Gustafson-Larson, A. M., & Terry, R. D. 1992. *"Weight-related behaviors and concerns of fourth-grade children."* Journal of American Dietetic Association, 818–822.

Huffington, Arianna. 2016. *Die Neuerfindung des Erfolgs: Weisheit, Staunen, Großzügigkeit – was uns wirklich weiterbringt.* München: Goldmann.

Hyatt, Michael. 2012. *Platform: Get noticed in a noisy world.* New York: Thomas Nelson.

Hyatt, Michael S. und Daniel Harkavy. 2016. *Living Forward: A proven plan to stop drifting and get the life you want.* Grand Rapids, MI: Baker Books.

Jordan, Delores und Roslyn Jordan. 2003. *Salt in His Shoes: Michael Jordan and the pursuit of a dream.* New York: Simon & Schuster.

Keller, Gary & Papasan, Jay. 2017. *The One Thing: Die überraschend einfache Wahrheit über außergewöhnlichen Erfolg.* München: Redline.

King, Starla J. 2013. *Wide awake. Every day: Daily inspiration for conscious living.* Little Big Bay LLC.

Kondo, Marie. 2013. *Magic Cleaning: Wie richtiges Aufräumen Ihr Leben verändert.* Reinbek bei Hamburg: Rowohlt-Taschenbuch-Verlag.

McNutt, S., Hu, Y., Schreiber, G. B., Crawford, P., Obarzanek, E. und Mellin, L. 1997. *"A longitudinal study of the dietary practices of black and white girls 9 and 10 years old at enrollment: The NHLBI growth and health study."* Journal of Adolescent Health 20, no. 1, 27–37.

Mischel, Walter. 2015. *Der Marshmallow-Test: Willensstärke, Belohnungsaufschub und die Entwicklung der Persönlichkeit.* München: Siedler.

Mogel, Wendy. 2008. *The Blessing of a Skinned Knee: Using Jewish teachings to raise self-reliant children.* New York: Scribner.

O'Brien, Robyn und Rachel Kranz. 2009. *The Unhealthy Truth: How our food is making us sick and what we can do about it.* New York: Broadway Books.

Olson, Jeff und John David Mann. 2016. *Slight edge – Der kleine Vorsprung.* Innsbruck: Life Success Media GmbH.

Rubin, Gretchen. 2012. *Das Happiness-Projekt oder: Wie ich ein Jahr damit verbrachte, mich um meine Freunde zu kümmern, den Kleiderschrank auszumisten, Philosophen zu lesen und überhaupt mehr Freude am Leben zu haben.* Frankfurt, M.: Fischer-Taschenbuch-Verlag.

Sandberg, Sheryl. 2015. *Lean In : Frauen und der Wille zum Erfolg.* Berlin: Ullstein.

Sinek, Simon. 2014. *Frag immer erst: warum – Wie Top-Firmen und Führungskräfte zum Erfolg inspirieren.* München: Redline.

Vannoy, Steven W. 1994. *The 10 Greatest Gifts I Give My Children.* New York: Simon & Schuster.

PODCASTS (ENGLISCHSPRACHIG)
Motivating Mom mit Lisa Druxman
Happier von Gretchen Rubin
This Is Your Life™ mit Michael Hyatt
Youpreneur von Chris Ducker

INTERNETSEITEN (ENGLISCHSPRACHIG)
FIT4MOM Spezialangebote: fit4mom.com/bookinsider
Salary.com Paycheck für Mütter: salary.com/mom-paycheck
Hausarbeitentabellen: moretimemoms.com/media/pdf/
    chores-for-kids.pdf

Virtuelle Assistenten:
  • fiverr.com
  • elance.com
  • fancyhands.com

Michael Hyatt's Ideale Woche: michaelhyatt.com/ideal-week.html

Apps für To-do-Listen:
  • evernote.com
  • nozbe.com
  • pomodorotechnique.com
  • rememberthemilk.com
  • toodledo.com

Der KAIZEN™-Ansatz: kaizen.com

B.J. Foggs Forschung zur Gewohnheitsbildung: bjfogg.com

Ressourcen zum Meditieren:
  • calm.com
  • insighttimer.com
  • headspace.com
  • chopracentermeditation.com

Informationen zu Körperbild und Essstörungen:
nationaleatingdisorders.org/get-facts-eating-disorders

The Optimist Creed: optimist.org/e/creed.cfm

Brené Browns TED-Talk: ted.com/talks/brene_brown_on_vulnerability

Non-GMO Project: nongmoproject.org/gmo-facts

Tipps für gesundes Essen und Mahlzeitenplanung:
- thefamilydinnerproject.org/resources/faq
- mommealplanner.com
- funbites.com

Campaign for Safe Cosmetics: safecosmetics.org

Meet Me at the Barn: meetmeatthebarn.com

The Quiet Place: thequietplaceproject.com

Kids Korps: kidskorps.org

Love Language Quiz: 5lovelanguages.com

FILME ZUM THEMA GESUNDE ERNÄHRUNG

Colquhoun, James, Laurentine ten Bosch, et al. 2010. *Du bist, was du isst*. München: Tiberius Film.

Cross, Joe. 2010. *Fat, Sick & Nearly Dead*. Brooklyn, NY: Reboot Media.

Fulkerson, Lee, Brian Wendel, et al. 2012. *Gabel statt Skalpell*. München: Polyband/WVG.

Kenner, Robert, Richard Pearce, et al. 2010. *Food, Inc. Was essen wir wirklich?* München: Tiberius Film.

Schwarz, Michael, Edward Gray, et al. 2016. *In Defense of Food: An eater's manifesto*. Arlington, VA: PBS Distribution.

Soechtig, Stephanie. 2015. *Fed Up. Du bist, was du isst*. München: Universum Film. [fedupmovie.com]

Ein Jahr voller Herausforderungen

Januar: Pflegen Sie Ihr ICH als Mama und laden Sie täglich zehn Minuten lang Ihre Batterien auf.

Februar: Nehmen Sie sich täglich zehn Minuten mehr Zeit für einen Bereich des Lebensrads mit niedriger Punktzahl.

März: Erledigen Sie jeden Tag Ihre AWD (allerwichtigsten Dinge) vor allem anderen.

April: Suchen Sie sich eine neue Gewohnheit aus. Gehen Sie in Minischritten darauf zu, indem Sie jeden Tag eine kleine Veränderung machen.

Mai: Leiten Sie Ihre Gedanken um, wann immer Ihr innerer Gremlin zu Ihnen spricht. Lassen Sie den Gedanken zu einem positiven „Ich kann das"-Gedanken werden.

Juni: Listen Sie auf, wie Sie als Mama Führungsqualitäten zeigen. Suchen Sie sich noch ein weiteres Führungsattribut aus, das Sie diesen Monat gerne einüben möchten.

Juli: Schmeißen Sie alle Lebensmittel weg, die künstlichen Süßstoff oder einen CSS (chemischen @#%!storm) enthalten. Essen Sie bei jeder Mahlzeit mindestens ein frisches, vollwertiges Nahrungsmittel.

August: Planen Sie Workouts. Fügen Sie jede Woche eines hinzu, und/oder erhöhen Sie die Intensität Ihres aktuellen Fitnessplans.

September: Suchen Sie sich einen Raum in Ihrem Heim aus und machen Sie ihn zu Ihrem Allerheiligsten, einem Ort, der Sie glücklich und zufrieden macht.

Oktober: Kaufen Sie ein Familien-Notizbuch und machen Sie ein Familientreffen. Schaffen Sie eine neue Familientradition. Suchen Sie eine Wohltätigkeitsaktion aus.

November: Machen Sie das *Language of Love Quiz* mit Ihrem Partner (siehe Seite 204).

Dezember: Schreiben Sie jeden Tag etwas auf, wofür Sie dankbar sind, und bitten Sie auch Ihre Familie darum. Tauschen Sie sich darüber aus. Feiern Sie einmal in der Woche zusammen.

Streben Sie nicht weiter nach Perfektion. Streben Sie danach, besser zu werden als gestern. Gehen Sie nicht einfach nur durch dieses Jahr hindurch. Wachsen Sie durch es!

Über die Autorin

Lisa Druxman ist eine Mama mit einer Mission. Sie ist die Gründerin von FIT4MOM (das größte Fitnessprogramm für Mütter in den USA) und eine bekannte Rednerin, Autorin, Podcast-Moderatorin – sie sprüht geradezu vor Energie. Sie nennt sich selbst ein Ideenäffchen und einen #momboss und ihre größte Leidenschaft ist es, Frauen dabei zu helfen, weniger überfordert zu sein und stattdessen gesünder und glücklicher zu werden. Sie teilt ihre Lifehacks und Erfahrungen, um Ihnen dabei zu helfen, ein Leben voller Leidenschaft und Sinnhaftigkeit zu leben.

Lisa war im US-amerikanischen Fernsehen in der *Today Show*, auf *CNN*, bei *Access Hollywood* und *Good Morning America*. Sie wurde in Printmedien wie *Entrepreneur, Woman's Day, Good Housekeeping, Self, Fit Pregnancy, American Baby* und anderen erwähnt.

Vom Leitmotiv von FIT4MOM profitiert Lisa jeden Tag selbst und gibt es auch gerne weiter: „Wir helfen Müttern, große Fortschritte in den Bereichen Fitness, Mutterschaft und ihrer Lebensplanung zu machen." Sie wohnt in San Diego mit ihrem Ehemann, ihrem Sohn und ihrer Tochter und natürlich mit ihrem Hund Lexi.

Wenn Sie Lisa als Sprecherin für Ihre nächste Veranstaltung buchen wollen, gehen Sie zu www.lisadruxman.com.